LIDERAZGO
EFICAZ

LIDERAZGO
EFICAZ

Inspírate en la vida de José para enfrentar los desafíos actuales

EDWIN CASTRO

CASA CREACIÓN
CREACIÓN
Para vivir la Palabra

Para vivir la Palabra

MANTÉNGANSE ALERTA;
PERMANEZCAN FIRMES EN LA FE;
SEAN VALIENTES Y FUERTES.
—1 CORINTIOS 16:13 (NVI)

Liderazgo eficaz por Edwin Castro
Publicado por Casa Creación
Miami, Florida
www.casacreacion.com
©2023 Derechos reservados

ISBN: 978-1-960436-24-5
E-book ISBN: 978-1-960436-25-2

Desarrollo editorial: *Grupo Nivel Uno, Inc.*
Adaptación de diseño interior y portada: *Grupo Nivel Uno, Inc.*

© 2023 Edwin Castro

Nota de la editorial: Aunque el autor hizo todo lo posible por proveer teléfonos y
páginas de internet correctos al momento de la publicación de este libro, ni la editorial
ni el autor se responsabilizan por errores o cambios que puedan surgir luego de haberse
publicado.

Impreso en Colombia

23 24 25 26 27 LBS 9 8 7 6 5 4 3 2 1

CONTENIDO

INTRODUCCIÓN

Al recibir la llamada de la editorial para invitarme a escribir este material, me sentí emocionado y motivado a aceptar el reto. Esa misma semana algunas personas me habían dicho que debía escribir un libro nuevo para ayudar a los líderes, gobernantes, profesionistas, empresarios y gente de influencia con consejos prácticos para su desarrollo tanto personal como profesional.

En verdad, José ha sido uno de los personajes bíblicos con los que más me he identificado en mi peregrinar espiritual. Su vida ha marcado la mía de manera significativa y no han sido pocas las personas que constantemente me hablan de la similitud entre sus características y las que han visto en mí. Con el transcurrir del tiempo y al ver lo que Dios ha producido en mi vida, de alguna manera, he podido abrazar y celebrar el hecho de que me comparen con José.

La trayectoria de este hombre está llena de enseñanzas que todo ser humano debería conocer y tratar de desarrollar con el fin de ponerlas en práctica personalmente. Al estudiar el relato de la vida de José entenderemos que, definitivamente, el camino al "éxito" no es una línea recta ascendente. Al contrario, es una vía con altos y bajos, con tiempos de olvido, errores, alegrías, victorias, injusticias, logros, pérdidas, aciertos, desvíos, traiciones y —sobre todo— lleno de momentos decisivos que determinarán el final de la historia.

Quiero invitarte a que dediques tiempo a leer con detenimiento cada una de las etapas de la vida de José que estaré compartiendo en esta obra. Te insto a que desarrolles minuciosamente las preguntas que se plantean al final de cada capítulo, para que realices un ejercicio de asimilación que engrandezca tu ser. Estoy seguro de que, al igual que yo, encontrarás una gran riqueza en el testamento que Dios ha dejado sobre la vida y obra de este hombre que tuvo la capacidad de superar la ofensa, la mentira, el odio, el olvido y la injusticia con una mentalidad que claramente estaba enfocada en las generaciones venideras y no tan solo en su propio transitar en la tierra.

Por último, deseo que este manuscrito sea un llamado e invitación ante la innegable necesidad de que se levanten hombres y mujeres que lideren nuestra sociedad de manera eficaz. Cada vez son más frecuentes los escándalos en los que se ven envueltos los empresarios, gobernantes, deportistas, pastores, artistas y —en general— las personas en posiciones de liderazgo. Pareciera que se ha perdido la esperanza de que haya hombres y mujeres de integridad que se comporten de igual forma tanto en público como en privado. Individuos que sean coherentes, gente en la que se pueda confiar para dirigir una sociedad cansada de los desaires que sus dirigentes le han hecho.

Espero que, por medio de esta lectura, seas inspirado a creer y que aprecies la posibilidad de ser alguien relevante. Que marques la diferencia y que te levantes como una persona que lucha no solo por sus intereses, sino por los de aquellos que están creciendo a su lado. Que luches por esa generación que tiene una necesidad muy grande de figuras paternas, mentores y entrenadores de vida que les muestren un camino mejor al que ellos están observando en el diario vivir.

Te doy la bienvenida a una travesía en la que descubriremos las características de un hombre del cual Faraón, el gobernante más poderoso de su época, dijera:

> ¿Acaso encontraremos a alguien como este hombre, tan claramente lleno del Espíritu de Dios?
> —Génesis 41:38 NTV

Pido al Señor que, por medio de su Espíritu, puedas crecer en el entendimiento del liderazgo que ejerció José y que hoy está a la disposición de cada uno de los hijos de Dios.

Bienvenido a este caminar por la historia de la vida de José. Sé que será emocionante descubrir tantas lecciones de valor que te inspirarán y motivarán a ser un mejor hijo, padre, cónyuge y líder, cualquiera sea el área de la sociedad donde Dios te haya puesto.

Ruego a Dios que al terminar este estudio, su Espíritu derrame sobre ti revelación y unción como la que tuvo José o aun mayor. Desde ya, felicitaciones por lo que Dios hará en tu vida. Empieza esta lectura con la expectativa de que los mejores días de tu vida, matrimonio, profesión, carrera o ministerio están delante de ti. Debo advertir que la manera en que Dios forma el carácter de sus hijos más notables no es la tradicional y, en muchos casos, es la menos agradable. Espero que algunos lectores comprendan que posiblemente se encuentren en el mismo centro de la voluntad de Dios, aunque crean que están perdidos o en un desierto.

Desde ya, recuerda que tu vida y cada una de las situaciones que enfrentas no se han salido del control de Dios y que —al igual que José— aun cuando te haya sido arrebatada tu "capa de colores", esta no se ha perdido. Aunque rota, manchada con sangre y quizás sucia, la capa de José regresó a las manos de Jacob, aquel padre que había declarado un futuro de grandeza para su hijo desde su juventud al vestirlo con ese hermoso atuendo.

José tuvo que ser vestido y desvestido en diversas oportunidades. Recuerda: sus hermanos le quitaron la capa de colores, para que le fuera puesta una indumentaria de esclavo. La mujer de Potifar le quitó sus atavíos para que lo vistieran con la ropa de prisionero. En la cárcel, a punto de salir ante Faraón, le volvieron a cambiar sus vestidos para que finalmente el propio rey de Egipto lo vistiera con ropas que afirmaban lo que Jacob desde el principio había profetizado: un destino de grandeza, autoridad y liderazgo.

> Luego el faraón se quitó de la mano el anillo con su sello oficial y lo puso en el dedo de José; lo vistió con ropas de lino de la mejor calidad y le puso un collar de oro.
>
> —Génesis 41:42 NTV

Apreciado lector, el destino que el Padre ha determinado para ti se cumplirá. Solo trata de acercarte a su corazón para que puedas comprender por qué estás pasando por cada temporada. Estoy seguro de que la voz del Padre te dará la certeza de que, al final, todo saldrá bien. Que estás caminando por ese sendero de formación que no puede ser reemplazado por la educación tradicional, la lectura de buenos materiales ni las especializaciones o doctorados que realices. Aprenderás que hay áreas del carácter que solamente las forjan las experiencias y el trato de la vida.

Bienvenido, espero que disfrutes este estudio sobre el liderazgo eficaz.

Capítulo I

EL TRABAJO DURO

Quiero empezar el desarrollo de la historia de José destacando un aspecto que —a mi manera de ver y lamentablemente cada vez más—, se hace menos popular en las nuevas generaciones: el trabajo duro. No deseo generalizar, solo comparto lo que he atestiguado en los últimos años. Pareciera que existe un afán muy grande por el dinero fácil y rápido que, definitivamente, no estaba dentro de las costumbres de José.

Vivimos en medio de una sociedad que celebra y busca mucho más la creación de riqueza rápida, los negocios sin esfuerzo y los trabajos cómodos. Después de la pandemia que afrontamos en el año 2020, los empresarios y líderes hemos enfrentado nuevos retos con los empleados. Por otra parte, se abrió una nueva puerta (antes poco conocida) para los trabajos remotos. Celebro la tecnología y la facilidad con la que se pueden desarrollar muchas disciplinas pero, de igual forma, recibo más comentarios acerca de la manera en que muchas personas desean que sus trabajos sean los más cómodos, simples y que no requieran mucho esfuerzo. Enfatizo que no son todas las personas, pero es una tendencia creciente.

Si le preguntas a un estudiante de secundaria promedio en los Estados Unidos sobre su sueño profesional, la respuesta es clara: desea ser un influenciador en las redes sociales. ¿Hay algo malo con esta aspiración? La verdad es que no. Hay mucha gente haciendo cosas muy buenas, generando contenido educacional y de valor, pero aun este tipo de profesión requiere un alto compromiso e intensidad laboral. Conozco profesionales que se dedican a crear contenido y he visto lo fuerte que trabajan, el desgaste que sufren y el esfuerzo que deben realizar para mantener sus redes sociales atractivas ante una sociedad inmersa en el entretenimiento. Mi punto aquí es que creo que muchos de los jóvenes tienen una falsa expectativa de que divirtiéndose o haciendo poco, podrán ganar millones, creo que la realidad es muy diferente.

En algún momento de mi vida me interesé por el mercadeo en redes, quise estudiarlo y analizar la realidad y factibilidad de ese tipo de negocio. Después de varios meses llegué a encontrar el paralelo que existe entre esta actividad y el discipulado. Si alguna vez has tenido el honor de tener un discípulo, estoy seguro de que estarás de acuerdo conmigo en cuanto a que es una tarea ardua. Los discípulos no se forman sin que te saquen canas, te desgasten y hasta te hagan pensar si vale la pena invertir más tiempo en sus vidas. Creo que así le pasó a Jesús, en un momento de su ministerio les dijo a sus discípulos: "¿Hasta cuándo voy a tener que soportarlos?" (Mateo 17:17).

Pienso que usualmente, cuando a alguien se le invita a participar en este tipo de negocios, las ofertas y las promesas que se hacen no son reales. Me explico, las personas —a menudo— escuchan charlas en las que les dicen que con solo trabajar dos o tres días a la semana, por varios meses, podrán adquirir la casa y el carro de sus sueños, además de que viajarán por todo el mundo y tomarán las vacaciones que tanto han anhelado. Debo aclarar que ese tipo de empresas funcionan y pueden ser bastante rentables, pero los conocidos que han triunfado en las mismas tienen algo en común: son trabajadores con un alto sentido de responsabilidad y capacidad de sacrificio. Creo que el nivel de deserción en esas industrias es tan alto por las expectativas incorrectas con las que las personas emprenden su nueva actividad profesional. Al transcurrir algunas semanas o meses sin ver resultados, abortan lo que creyeron era una buena oportunidad profesional.

Desde que empecé este capítulo he pensado en numerosos recursos, pero no puedo recurrir a otro que no sea la Biblia. Esta nos dice en Proverbios:

> Lo que al principio se gana fácilmente, al final no trae ninguna alegría.
>
> —Proverbios 20:21 TLA

La poca alegría, los disgustos, los enemigos, las peleas y finalmente la quiebra es una gran realidad para miles de personas que han entrado en negocios ilícitos, han ganado la lotería o inclusive han empezado a percibir grandes sumas de dinero de forma repentina, como es el caso de los deportistas. Lo que en algún momento era el gran sueño, o la ilusión de una vida mejor, se convierte en una gran pesadilla. Es asombroso ver cómo la gran mayoría de las personas que ganan millonarios premios de lotería, pocos años después están sin familia, amigos y obviamente sin dinero. La realidad es que no podemos anular lo que la Palabra de Dios decreta sobre la riqueza rápida. Entiendo que pueden existir casos diferentes, sin embargo, la regla general es esta: eso no va a durar, va a causar daño y —seguramente— esas personas van a quedar solas si no son guiadas por el Espíritu de Dios o incluso por consejeros financieros profesionales y correctos.

Si estudias el final de la vida de la gran mayoría de los deportistas profesionales, en los Estados Unidos, te dará tristeza. Acaban en la pobreza, a pesar de que muchos de ellos —durante su carrera profesional— firmaron millonarios contratos deportivos, obtuvieron patrocinios cuantiosos por diversos fabricantes de accesorios, ropa, calzado, perfumes, relojes y muchos otros artículos. Esas personas no supieron administrar la riqueza rápida, como dicen por allí: "El dinero se les fue como el agua entre las manos". Alguna vez escuché a un profesional en la materia que aseguraba que el 78 % de esos deportistas estaban en la quiebra a solo tres años después de su retiro. Al parecer es una gran realidad, la riqueza rápida no perdura.

Cuando vivía en Colombia, mi país de origen, tuve que experimentar esa situación. La riqueza fácil que generaba el narcotráfico y la delincuencia afectó las vidas de cientos de miles de personas en una generación que estuvo marcada por la violencia, los asesinatos, la sangre y evidentemente la muerte. Muchas veces lo he dicho, son muy, muy pocos los narcotraficantes que llegan a la vejez o sin estar en la cárcel, escondidos o perseguidos. Esa no es la vida que uno sueña. Creo que la gente que se esfuerza y trabaja, lo hace con el objetivo de tener un futuro mejor, con más paz y tranquilidad.

Recordemos que el camino marcado en la Biblia para alcanzar la prosperidad es diferente, una vez más Proverbios afirma:

Los perezosos pronto se empobrecen; los que se esfuerzan en su trabajo se hacen ricos.
> —Proverbios 10:4 NTV

El esfuerzo produce grandes resultados, no lo podemos negar ni cambiar; eso está establecido.

Además, la Biblia nos dice algo respecto a la bendición y la prosperidad que provienen de Dios:

La bendición del SEÑOR es la que enriquece, y él no añade tristeza con ella.

—Proverbios 10:22, LBLA

Este es el parámetro bíblico: lo que Dios da, lo que nace en su corazón, no va a traer tristeza a nuestra vida.

Recuerdo a muchas personas que me han mostrado su nueva bendición (un nuevo carro, una casa o inclusive una persona) y me afirman la seguridad que tienen de que Dios intervino para que ello llegara a su vida. Sin embargo, tiempo después, esa bendición se convierte en una pesadilla al no poder hacer los pagos mensuales, ser embargada por el banco dando, como resultado, una persona totalmente diferente.

Lo he dicho en distintos momentos, la espera es uno de los mejores maestros en la vida cristiana. Así que tratemos de aprender de la vida de este gran hombre de Dios.

EL CASO DE JOSÉ

Desde la misma aparición de José, en la Biblia, vemos una característica que siempre lo distinguió: era un hombre trabajador. Veamos. El primer versículo que menciona a José empieza dándonos información sobre el tipo de persona que era este hombre.

Esta es la historia de Jacob y su familia. Cuando José tenía diecisiete años, apacentaba el rebaño junto a sus hermanos, los hijos de Bilhá y de Zilpá, que eran concubinas de su padre.

—Génesis 37:2a

La historia de José nos dice que era un joven de diecisiete años y que ya, a esa edad, trabajaba apacentando el rebaño de su adinerado padre. Esta reseña bíblica es interesante porque si has leído en algún momento la historia de este hombre, recordarás que era el niño consentido de papá. Es decir, que seguramente hubiese podido optar por simplemente quedarse en casa y vivir de la riqueza de su progenitor, ya que era uno de los hijos más pequeños y, adicionalmente, el preferido. Me atrevo a hacer esta declaración respecto a esta virtud de su carácter porque fue una característica permanente en todo momento y circunstancia de la vida de José. Fue por su manera de ser y su carácter que ganó la confianza de su padre e, incluso, el respeto de las personas que lo conocieron en la hacienda de la familia.

Al ser vendido como esclavo y trasladado a Egipto, vemos que el relato de Génesis continúa mostrando esa característica en el trabajo y la diligencia de José.

Cuando José fue llevado a Egipto, los ismaelitas que lo habían trasladado allá lo vendieron a Potifar, un egipcio que era funcionario del faraón y capitán de su guardia. Ahora bien, el Señor estaba con José y las cosas le salían muy bien. Mientras José vivía en la casa de su patrón egipcio, este se dio cuenta de que el Señor estaba con José y lo hacía prosperar en todo. José se ganó la confianza de Potifar, y este lo nombró mayordomo de toda su casa y le confió la administración de todos sus bienes. Por causa de José, el Señor bendijo la casa del egipcio Potifar a partir del momento en que puso a José a cargo de su casa y de todos sus bienes. La bendición del Señor se extendió sobre todo lo que tenía el egipcio, tanto en la casa como en el campo. Por esto Potifar dejó todo a cargo de José, y tan solo se preocupaba por lo que tenía que comer. José tenía muy buen físico y era muy atractivo.

—Génesis 39:1-6

La marca que encontró Potifar era clara, Dios estaba con José porque todo lo que hacía prosperaba. Debemos entender que Dios no se contradice, ya que dice en su Palabra:

Pobre es el que trabaja con mano negligente, mas la mano de los diligentes enriquece.

—Proverbios 10:4 LBLA

Imagino que a su llegada a la casa de Potifar, José no era más que otro esclavo, una nueva adquisición para el egipcio. Sin embargo, ese nuevo esclavo empezó a distinguirse de los demás porque era el que llegaba primero al campo de trabajo; era el que dejaba la casa más bonita, oliendo a fresco y mejor arreglada, cuando le ordenaban que la limpiara. Pienso que José era ese tipo de empleado del que todo jefe dice en su mente: "Si tuviera dos o tres como este, despediría a los otros diez". Definitivamente, José era un hombre diligente, por eso todo lo que hacía prosperaba.

José era la clase de persona en la que su jefe Potifar podía confiar. El tipo al que se le decían las cosas una sola vez y las hacía de buena forma y con buen ánimo. No era la clase de trabajador al que había que recordarle la fecha límite de entrega de los reportes ni había que volver a pedirle mejores resultados porque los que daba eran pobres. Podemos llegar a esta conclusión porque la Biblia nos dice que José llegó a ganarse la confianza de su jefe a tal punto que —a pesar de ser el nuevo esclavo de la casa— se convirtió en el encargado de todas las posesiones de su jefe, tanto en el campo como en la casa.

Yo creo que José trataba las cosas de Potifar como si fueran suyas, las cuidaba, ahorraba, no desperdiciaba; es decir que, debido a que fue buen mayordomo de lo de otros, calificó para que Dios le diera más adelante lo propio.

Para cerrar el tránsito por la casa de Potifar, puedo decir que José fue ese tipo de empleado que cuando el jefe se va de vacaciones puede irse tranquilo porque dice: "Sé que todo va a funcionar bien. No me van a estar interrumpiendo el negocio o el ministerio por nimiedades. Todo va a estar bien porque confío en la persona encargada". Por su parte, José le dijo a la esposa de Potifar:

> Mire, señora: mi patrón ya no tiene que preocuparse de nada en la casa, porque todo me lo ha confiado a mí.
>
> —Génesis 39:8

Pido a Dios que si laboras como empleado, tu jefe pueda decir esto de ti, que seas confiable, diligente y buen trabajador. Que seas este tipo de persona a la cual se le pueden delegar cosas, confiar tareas.

Como líder en una organización con decenas de empleados, sé y valoro lo que significa tener que decir las cosas una sola vez y estar tranquilo porque se van a llevar a cabo. Al escribir desde la perspectiva de jefe o líder en una organización, quiero que sepas que a mi manera de ver el hecho de no encontrar gente confiable, responsable y profesional es una de las primeras causas por las que los negocios y los ministerios no crecen.

Cuando un líder encarga algo a sus compañeros de trabajo o empleados y no sucede nada o no se hace como se debió hacer, eso genera incertidumbre. Por eso, usualmente, sale a relucir el síndrome de todopoderoso que muchos líderes tenemos. Se genera una conversación interna en la cual se llega a una peligrosa conclusión: "Si yo no hago las cosas por mí mismo, nada va a pasar".

Digo que es una conclusión peligrosa porque cuando las organizaciones enfrentan estas situaciones se crean cuellos de botella. Los procesos se estancan, las decisiones se demoran, ya que todo tiene que pasar por el escritorio de la única persona que toma decisiones. Lo reitero, es una decisión peligrosa. En este momento, te habló a ti que eres líder. Esta situación no permitirá que tu organización crezca. Un ejemplo sencillo es como si le compras zapatos a tu hijo por la apariencia o marca del artículo y no por el tamaño del pie apropiado. Eso no es correcto. Mi hija Marianna está en una etapa de su vida en la cual pareciera que crece cada día. Por esa razón, cuando le damos algo, lo buscamos un poco más grande. Mi esposa y yo siempre le decimos: "Te lo compramos así para que te sirva por lo menos un par de meses". Como líderes debemos tener la capacidad de identificar a quiénes podemos delegarle un poco más para que la persona crezca. De alguna manera, determinamos el tamaño de nuestra organización por la capacidad que tengamos de confiar, empoderar, capacitar y delegar a otras personas.

Espero que entiendas correctamente lo que acabas de leer. José era tan confiable para los que estaban por encima de él que, aun al llegar a la cárcel —esta vez no como esclavo sino como prisionero— volvió a mostrar esta característica.

El Señor estaba con él y no dejó de mostrarle su amor. Hizo que se ganara la confianza del guardia de la cárcel, el cual puso a José a cargo de todos los prisioneros y de todo lo que allí se hacía. Como el Señor estaba con José y hacía prosperar todo lo que él hacía, el guardia de la cárcel no se preocupaba de nada de lo que dejaba en sus manos.

—Génesis 39:21-23

Seamos claros. Ni en la cárcel ni como esclavo, José recibía salario; sin embargo, estaba marcado por la capacidad de trabajar duro y hacerlo de la mejor manera posible. ¿Puedes llegar a dimensionar el tipo de trabajo que José realizaba para que, aun en la cárcel, lo hicieran encargado de todo, incluso del resto de los prisioneros? Aquí no había la motivación de un ascenso ni la de una bonificación a fin de año. José, simplemente, tomó la decisión de honrar a Dios al hacer todo como para él.

La entereza y el carácter de José son loables. Es un modelo inspirador para cada uno de nosotros. Por supuesto, el ser humano —naturalmente— desea ser recompensado. A todos nos gusta el reconocimiento y la celebración de nuestros logros. Creo que no hay nada de malo al respecto. Pero lo que deseo resaltar es que, en muchas oportunidades de la vida, enfrentaremos temporadas en las que pareceremos invisibles, en las que pareciera que nadie nos ve, que nadie reconoce nuestro esfuerzo, labor, dedicación y sacrificio. Creo que esos son los momentos más difíciles para permanecer haciendo las cosas bien. Necesitamos entender que aunque suene muy espiritual, Dios todo lo ve y —finalmente— todas las recompensas, los ascensos, las nuevas oportunidades, los momentos de "pago" provienen de él, no de nuestros jefes o supervisores. La persona que no tiene conciencia del mundo espiritual, pondrá su enfoque y su esperanza en otro ser humano para obtener la recompensa, pero los cristianos debemos entender que todo proviene del Padre celestial.

Al recordar mis años como voluntario en la iglesia a la cual pertenecía con mi esposa, vienen a mi memoria muchos momentos: éramos los primeros en llegar y los últimos en salir, los que estábamos en la cocina preparando las comidas para los eventos, los que arreglábamos la decoración, los que sacaban las mesas, los manteles, etc. Dije que éramos de los primeros en llegar y, obviamente, de los que se quedaban a organizar después de que todo terminaba. Allí no había plataforma para predicar, libros para firmar ni ninguna aparición pública, la asignación era otra —tras bambalinas— detrás del escenario, haciendo algo que parecía no importante.

Nunca olvidaré a una pastora anciana que participó en uno de tantos eventos que hicimos. Al finalizar, mientras el grupo de voluntarios estábamos recogiendo la basura y limpiando el auditorio de la iglesia que se había convertido temporalmente en una salón de banquetes, se acercó y mirándome a los ojos me dijo: "Recuerde que todo esto lo está haciendo para Dios, no para los hombres. Él ha visto todos los momentos en los que ha hecho muchas cosas que nadie ha visto". Yo no sé si esa pastora dimensionó el peso de sus palabras, pero me acompañan hasta hoy. Esas mismas palabras estuvieron conmigo cuando fungía como voluntario en el estacionamiento de la iglesia en los meses de lluvia en Miami y en las mañanas de intenso calor.

Si asistes a una iglesia, quiero pedirte que agradezcas a las personas que trabajan para que puedas disfrutar los momentos de transformación con Dios. Invítales a tomar un café, sonríe, valóralos. Tus hijos tienen maestros que se preparan para enseñarlos en la iglesia infantil. Hay alguien que limpia, hay personas que dan de su tiempo para que el sonido, las luces, las canciones y todo funcione de la mejor forma, no des esas cosas por sentado, esa gente se sacrifica por amor a Dios y para servirle a ti.

En el proceso de "trabajar" sin salario, se prueba mucho nuestro corazón, se revelan las intenciones, se muestra nuestra verdadera agenda. Cuando se invita a las personas para que sean voluntarios en las iglesias, usualmente la mayoría quiere estar en el grupo de alabanza, pero hay pocos que se inscriben para atender el estacionamiento, para ayudar en la iglesia de niños o con el cuidado de las instalaciones de la iglesia. De alguna manera queremos ser vistos y que se note lo que hacemos, y qué mejor forma que estar en la plataforma.

Uno de los momentos más desafiantes que viví mientras servía en el estacionamiento de la iglesia, fue un domingo en el que una mujer mayor llegó bastante tarde a la primera reunión y parqueó su carro justo en la mitad de la salida del parqueadero. Cuando me aproximé a saludarla y a explicarle que su vehículo bloqueaba la salida de cientos de carros que desocuparían el lugar cuando terminara el primer servicio y nos preparábamos para recibir a centenares más para la segunda reunión, su respuesta fue inolvidable. En tanto se alejaba rumbo al auditorio, se volteó y me lanzó las llaves de su auto mientras me decía: "Estaciónelo y me lleva las llaves adentro". Luego me dio la espalda y siguió a su encuentro de adoración a Dios.

No te imaginas todo lo que pasó por mi cabeza, lo que le quería decir y hasta hacer. Sin embargo, esa fue una gran lección para desarrollar carácter. Soportar injusticias, maltratos o simplemente desaires como ese son grandes maestros. En definitiva, debía recordar que estaba haciendo todo para Dios y que las iglesias son como hospitales donde nosotros los enfermos vamos buscando sanidad.

EL PALACIO

Al transcurrir por lo menos dos años de olvido, el tiempo transcurre y la vida de José experimenta una transformación radical. Pasa de estar en la cárcel a vivir en el palacio de Faraón, tras un ascenso sobrenatural causado por el don de Dios en él; sin embargo, deseo que veamos lo siguiente:

> Tenía treinta años cuando comenzó a trabajar al servicio del faraón, rey de Egipto. Tan pronto como se retiró José de la presencia del faraón, se dedicó a recorrer todo el territorio de Egipto. Durante los siete años de abundancia la tierra produjo grandes cosechas, así que José fue recogiendo todo el alimento que se produjo en Egipto durante esos siete años, y lo almacenó en las ciudades.
>
> —Génesis 41:46-48

Entendamos algo, para ese momento de la vida de José ya habían transcurrido unos trece años desde el inicio de esta historia, la mayoría de los cuales los pasó como esclavo o preso; es decir que José hubiera podido pensar: "Bueno, llegó el momento de que me esfuerce menos. He trabajado muy duro, me han hecho sufrir mucho, ahora voy a tomar las cosas con calma". Pero, evidentemente no hizo eso. Me impresiona la forma en que la Biblia dice que solo bastó con haber terminado la ceremonia de posesión en el nuevo cargo, para que este hombre saliera a recorrer todo el país y a poner en práctica el plan dictado por Dios que le propuso a Faraón.

En verdad, creo que José es un ejemplo de muchas cosas, pero hay que resaltar su ética de trabajo. Como joven sin necesidad, trabajó; como esclavo sin salario, trabajó; como prisionero, trabajó; en la abundancia, trabajó. En definitiva, las circunstancias no hicieron que el entusiasmo, la excelencia y el trabajo arduo se apartaran de la vida de este gran hombre de Dios.

En los capítulos finales de Génesis continuamos viendo esta marca en la vida de José, la Biblia nos relata que él mismo se encargaba de vender el trigo, de supervisar y cobrar los tributos, y de administrar todo en Egipto, incluida la gente que llegó a ser propiedad del Faraón. La mano de Dios nunca se apartó de José ni de todo lo que hizo. Fue un hombre confiable para su padre, para Potifar, para el carcelero y como tal para el propio Faraón.

Mientras tanto, el hambre se hizo tan intensa que se acabó todo el alimento, y la gente por toda la tierra de Egipto y la de Canaán se moría de hambre. José, al vender el grano a la población, con el tiempo, obtuvo todo el dinero que había en Egipto y en Canaán, y lo depositó en la tesorería del faraón. Cuando los habitantes de Egipto y de Canaán se quedaron sin dinero, todos los egipcios acudieron a José. "¡Ya no tenemos dinero!", clamaron. "Por favor, denos alimentos, ¡o moriremos ante sus propios ojos!". José respondió: "Ya que no tienen dinero, tráiganme sus animales. Yo les daré alimentos a cambio de sus animales". Entonces llevaron sus animales a José a cambio de alimentos. A cambio de sus caballos, rebaños de ovejas y cabras, manadas de ganado y burros, José les proveyó alimentos para un año más. Entonces ese año llegó a su fin. Al año siguiente, ellos acudieron nuevamente a José y le dijeron: "No podemos ocultarle la verdad, señor. Se nos acabó el dinero, y todas nuestras manadas de animales son suyas. Ya no nos queda nada para entregarle, excepto nuestro cuerpo y nuestras tierras. ¿Por qué morir delante de sus propios ojos? Cómprenos a nosotros y también a nuestras tierras a cambio de alimentos; ofrecemos nuestras tierras y nos ofrecemos nosotros mismos como esclavos para el faraón. Solamente provéanos de grano para que podamos vivir y no muramos, y para que la tierra no quede vacía y desolada". José, pues, compró toda la tierra de Egipto para el faraón. Todos los egipcios le vendieron sus campos debido a que el hambre era severa. Así que pronto toda la tierra pasó a ser posesión del faraón. Y en cuanto a los habitantes, los hizo esclavos a todos, desde un extremo de Egipto hasta el otro. Las únicas tierras que no compró fueron las que pertenecían a los sacerdotes. Ellos recibían una ración de alimentos directamente del faraón, por lo cual no tuvieron que vender sus tierras. Entonces José le dijo al pueblo: "Miren, hoy los he comprado a ustedes y a sus tierras para el faraón. Les proporcionaré semillas para que puedan sembrar los campos. Después, cuando llegue el tiempo de la cosecha, una quinta parte de los cultivos será del faraón. Ustedes podrán quedarse con las otras cuatro quintas partes como semilla para sus campos y alimento para ustedes, los de su casa y sus niños". "¡Usted nos ha salvado la vida!", exclamaron ellos. "Permítanos, señor nuestro, ser los esclavos del faraón". Entonces José emitió un decreto, aún vigente en la tierra de Egipto, según el cual el faraón recibiría una quinta parte de todas las cosechas cultivadas en su tierra. Solo la región perteneciente a los sacerdotes no fue entregada al faraón.

—Génesis 47:13-26 NTV

Casi para finalizar este capítulo, te insto a realizar una evaluación sobre la manera en la que estás desarrollando tu vida profesional, ¿qué tanta pasión tienes?, ¿cuánto impulso y motivación están presentes? Recuerda algo muy importante, que nos dice el apóstol Pablo:

Trabajen de buena gana en todo lo que hagan, como si fuera para el Señor y no para la gente.
—Colosenses 3:23 NTV

Termino con una última historia. En una temporada de mi vida tuve bajo mi cargo a un grupo de unos cincuenta vendedores, gente capaz y trabajadora. Sin embargo, había uno que sobresalía entre los demás. Nuestro horario era algo desafiante, teníamos que estar trabajando en nuestros escritorios a las 7 de la mañana. Digo desafiante por las distancias existentes en una gran ciudad como esa en la que vivía, pero sobre todo por el tráfico vehicular.

Lo que hacía diferente a esa persona es que cada mañana, cuando sus compañeros de trabajo llegaban a entregar los reportes, los pedidos de los clientes o procesar cualquier solicitud en los diversos departamentos, él ya iba de salida. Ese hombre se aseguraba de llegar primero que todos y obviamente salía a la calle a continuar sus ventas primero que todos los demás. Un día le pregunté por qué, si no se le exigía llegar tan temprano, él lo continuaba haciendo. Su respuesta me acompaña hasta hoy, me dijo: "No lo hago para ser reconocido en la empresa. La razón es muy sencilla. Cada día, cuando salgo de haber visitado a mis clientes y haber logrado una orden de compra, veo a los vendedores de las empresas de la competencia llegando a visitar a los mismos clientes". Agregó, "quiero asegurarme de llegar antes que los otros vendedores para que me compren a mí". Como posiblemente deducirás, este hábito se reflejaba al final del mes en su cheque de comisiones. Su esfuerzo, dedicación y trabajo duro se veían reflejados financieramente.

Como muchas veces he escuchado decir, hoy lo repito: "En el único lugar donde el éxito está antes que el trabajo es en el diccionario".

Pido a Dios que seas inspirado y que puedas asumir una actitud, disposición y ética laboral como la que desarrolló José. Que cualquiera sea el área, la situación o la posición en la que estés, sobresalgas honrando a nuestro Dios con todo de la mejor manera posible, que las personas a tu alrededor te encuentren confiable para encargarte de más y así le des la honra a Dios.

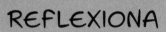

REFLEXIONA

1. Como empleado o jefe, ¿qué opinión crees que tiene la gente de tu ética laboral?

_____

_____

_____

_____

_____

_____

2. Si no hay recompensa monetaria, ¿tienes el mismo empeño para realizar las actividades que se te asignan?

_____

_____

_____

_____

_____

3. ¿Te consideras un candidato para que el favor y respaldo de Dios se manifieste en tu vida por la manera en que haces las cosas?

_____

_____

_____

_____

4. Al leer este capítulo del libro, ¿identificas áreas de tu vida que Dios te invita a cambiar?

_____

_____

_____

_____

5. ¿Qué decisiones prácticas puedes tomar hoy para hacer ajustes y mejorar tu ética de trabajo?

_____

_____

_____

_____

Capítulo 2

LA ADMINISTRACIÓN

Es posible que uno de los aspectos por los que más sea mencionado, recordado y citado José es el de la administración. Es indudable que su vida estuvo marcada por una habilidad sobrenatural para hacer crecer lo que pasaba por sus manos o estaba a su cargo. Veamos qué cosas podemos aprender de este gran hombre de Dios en el ámbito de la administración.

Lo primero que debemos resaltar es que en José se cumple la declaración de Jesús en la que advirtió:

> El que es fiel en lo muy poco, es fiel también en lo mucho; y el que es injusto en lo muy poco, también es injusto en lo mucho.
>
> —Lucas 16:10 LBLA

> Su señor le respondió: "¡Hiciste bien, siervo bueno y fiel! En lo poco has sido fiel; te pondré a cargo de mucho más. ¡Ven a compartir la felicidad de tu señor!".
>
> —Mateo 25:21

Jesús nos enseñó que en la manera en que desarrollamos, cuidamos y administramos lo poco que tenemos en un momento de la vida, eso se usará para calificarnos cuando seamos encargados de mucho, cuando tengamos mayor autoridad y cuando se nos confiera más influencia.

En la vida de José veremos que todo empezó en su casa, para luego administrar la hacienda y la casa de Potifar, de donde fue llevado a operar toda una prisión y entonces llegar a dirigir y —por qué no decirlo— gobernar todo un imperio. Veamos las enseñanzas de José en tanto iba creciendo en responsabilidad e influencia.

LA CASA DE PAPÁ

Esta es la historia de Jacob y su familia. Cuando José tenía diecisiete años, apacentaba el rebaño junto a sus hermanos, los hijos de Bilhá y de Zilpá, que eran concubinas de su padre. El joven José solía informar a su padre de la mala fama que tenían estos hermanos suyos.

—Génesis 37:2

El inicio de la historia de José es alentador para cualquier persona, ya que podemos relacionarnos con alguien que empieza desde cero, como comúnmente se dice. Al ser prácticamente el menor de los hermanos, ya que solo su hermano Benjamín era más joven, vemos que José no contó con un gran encargo por parte de su padre inicialmente. Al contrario, es claro que sentía el desprecio, la envidia y la competencia por parte de sus hermanos.

La Biblia solo nos dice que era un pastor más entre sus hermanos, sin embargo podemos ver que no era tenido en cuenta por ellos. Era despreciado y aislado por ellos. Vemos que el joven se caracterizaba por cuidar la reputación de su padre y le preocupaba lo que se hablaba sobre sus hermanos. En los capítulos anteriores a la aparición de José encontramos algunas características que estuvieron presentes en los hijos de Jacob. Si revisamos el capítulo 34, vemos a unos hombres violentos, vengativos, engañadores que se aprovechaban de las demás personas y, tal como sucedió con el mismo José, vemos que eran envidiosos, llenos de odio; tanto que no tuvieron problema ni siquiera para planear el asesinato de su hermano, aunque al final lo vendieron.

Creo que eso nos da esperanza a nosotros. José pudo sobresalir aun con esa clase de hermanos. Pienso que la manera de comportarse y su estándar de vida moral permitió que Jacob, su padre, confiara en él más que en sus hermanos.

Recordemos la promesa bíblica:

> Aunque comenzaste con poco, terminarás con mucho.
>
> —Job 8:7 NTV

Un buen administrador no solo debe tener las habilidades matemáticas, organizacionales y la destreza para las relaciones, sino que debe ser una persona confiable; característica que creo siguió a José todos los días de su vida.

LA HACIENDA DE POTIFAR

Ahora bien, el Señor estaba con José y las cosas le salían muy bien. Mientras José vivía en la casa de su patrón egipcio, este se dio cuenta de que el Señor estaba con José y lo hacía prosperar en todo. José se ganó la confianza de Potifar, y éste lo nombró mayordomo de toda su casa y le confió la administración de todos sus bienes. Por causa de José, el Señor bendijo la casa del egipcio Potifar a partir del momento en que puso a José a cargo de su casa y de todos sus bienes. La bendición del Señor se extendió sobre todo lo que tenía el egipcio, tanto

en la casa como en el campo. Por esto Potifar dejó
todo a cargo de José, y tan sólo se preocupaba por
lo que tenía que comer. José tenía muy buen físico
y era muy atractivo.

—Génesis 39:2-6

Al ser vendido por sus hermanos en un arrebato de ira
y envidia, José llega a una nación desconocida, con costumbres, cultura y hasta un idioma diferente. Ya no era el
niño mimado de papá ni su preferido, las circunstancias
habían cambiado dramáticamente. Ahora no era más que
otro esclavo en la casa de su nuevo dueño, Potifar. Me
gusta destacar esto porque veremos, de aquí en adelante,
que José alcanza diversas posiciones debido —obviamente— al favor de Dios con su vida, pero también por sus
decisiones personales.

Lo que estoy tratando de decir es que José no es puesto
a cargo de toda la hacienda de Potifar porque regresó de
hacer una especialización en Europa o Estados Unidos y
ahora venía a poner en práctica todo lo aprendido en la
universidad. No estoy en contra de este tipo de oportunidades, en mi propia familia se han dado. Pero siempre
que la persona tenga méritos para obtenerlas. En el caso
de José fue diferente. Llegó como un esclavo más a recibir órdenes y, en poco tiempo, se encargó de demostrar
que en él había algo diferente. Regresemos a la historia
y resaltemos algo.

Ahora bien, el Señor estaba con José y las cosas le
salían muy bien. Mientras José vivía en la casa de
su patrón egipcio, este se dio cuenta de que el Señor
estaba con José y lo hacía prosperar en todo.

—Génesis 39:2-3

No puedo dejar de hacer énfasis que sobre José había una "nube" de Dios. Recuerda: tú y yo también la tenemos. Somos hijos de Dios, marcados para propósitos eternos. Pero no quiero dejar de lado lo que la Biblia dice a continuación: "todas las cosas le salían muy bien".

Déjame extender mi imaginación en este momento. Creo que a José lo encargaban de una parte de la hacienda y las plantas daban más fruto. Si cuidaba parte del ganado, era el que más engordaba, el que más leche producía y el que daba las mejores crías. Imagino que cuando Potifar salía a caminar por su hacienda, la parte encargada a José se veía más verde, era la más linda. Seguramente José era el primero en salir a trabajar. No sé si era el último en regresar porque quizás Dios hacía que con menor tiempo produjera más. Permíteme continuar, creo que aunque todas las semillas de la hacienda se sembraran al mismo tiempo, la parte que José cuidaba daba cosechas más rápidas y de mejor calidad. Esa creo que fue la forma como Potifar se dio cuenta de que el Señor estaba con él y prosperaba en todo.

La pregunta que nos tenemos que hacer en este día, si somos empleados es: ¿Verá tu jefe eso en ti? ¿Es tu sección en la empresa donde trabajas la más productiva, la que tiene menos problemas y conflictos, la más rentable? Y si acaso eres empresario, ¿verán tus clientes esa característica de tu negocio? ¿Es grato hacer negocios con tu compañía o solo eres otro más en el mercado? José nos muestra que a pesar de los comienzos pequeños, los finales pueden ser grandes.

Si has leído la historia de José recordarás que el final de esta temporada no es agradable para él, pero una vez más lo reitero: no se desviaba del plan de Dios. Frente a una acusación falsa por parte de la esposa de Potifar, ante la cuál José defiende su integridad y decide no ofender a Dios, es enviado a la cárcel para empezar el siguiente capítulo de su vida.

LA CÁRCEL

Potifar se enfureció cuando oyó el relato de su esposa acerca de cómo José la había tratado. Entonces agarró a José y lo metió en la cárcel donde estaban los presos del rey. José quedó allí, pero el SEÑOR estaba con José en la cárcel y le mostró su fiel amor. El SEÑOR hizo que José fuera el preferido del encargado de la cárcel. Poco después el director puso a José a cargo de los demás presos y de todo lo que ocurría en la cárcel. El encargado no tenía de qué preocuparse, porque José se ocupaba de todo. El SEÑOR estaba con él y lo prosperaba en todo lo que hacía.

—Génesis 39:19-23 NTV

Algo que me impresiona del transitar de José es que no tuvo la capacidad de decidir su siguiente etapa. Es decir, que de estar en la casa de su padre sale a la cisterna y de allí a la casa de Potifar puesto que lo venden. De la casa de Potifar sale a la cárcel sin ser su voluntad, esta vez por una falsa acusación. Más adelante veremos cómo trata de escoger estar junto al Faraón, pero falló porque Dios había determinado otro tiempo para que eso sucediera.

¿Qué tanta confianza tendremos en que Dios nos lleva de su mano a pesar de la oscuridad que estamos viviendo? En la vida, cuando somos llevados por Dios a los lugares menos cómodos, tenemos que confiar que al ser él quien nos dirige, al final todo saldrá bien.

Volvamos al relato. Ahora José se encuentra en una cárcel y una vez más se repite el ciclo: llega como el último, el más insignificante y —por el fiel amor de Dios— las cosas cambian a su favor. Ahora es el encargado de la prisión la persona que ve que sobre ese muchacho hay una marca especial. Tengo que ser franco, no sé cómo fue posible que en la cárcel se viera que todo lo que José hacía prosperaba, pero —de alguna manera— se veía, por lo que el oficial de la prisión lo vio.

Se sabe poco sobre las cárceles en Egipto, posiblemente esta era una especial. Quizás los prisioneros de ese lugar eran algún tipo de personas de cierta importancia o influencia, ya que la Biblia informa que la cárcel a la que fue enviado José era la que utilizaba el Faraón para sus presos. Es más, en referencia a los otros dos presos de los que tenemos algún tipo de conocimiento, vemos que eran trabajadores muy cercanos al monarca. Medita, por un momento… uno de ellos era el copero del propio rey.

No se sabe con exactitud cuáles eran las funciones específicas de los coperos, pero se especula que en algunos casos aparte de cuidar la selección de bebidas del rey, llegaban inclusive a probar las que iban a ser consumidas por el mandatario para preservar su vida en caso de un posible envenenamiento. Sea cual fuera su función, era una persona muy cercana. Por otro lado, el segundo prisionero era el panadero del rey. Era otra persona del círculo cercano del monarca, a la que este le confiaba su alimentación.

El punto al que quiero llegar es que no sabemos qué tipo de personas estaban allí con José. Sin embargo, vemos claramente que Dios lo hace destacar por encima de todos los que lo rodeaban. No sé cómo se medía la prosperidad dentro de la cárcel, no sé si los detenidos trabajaban, si tenían encargos específicos, pero fue tan sobresaliente el trabajo de José que la Biblia indica que el encargado de la cárcel no se tenía que preocupar por nada y que todo lo que él hacía prosperaba.

Tratemos de dimensionar esto. ¿Cómo que no se preocupaba por nada?, ¿será que inclusive estaba encargado de las llaves de la prisión? Debo ser sincero, no me hubiese extrañado, creo que el nivel de integridad de José era tan evidente que hasta eso le debió confiar el carcelero.

No quiero cerrar esta etapa de la prisión en la vida de nuestro protagonista sin que reflexionemos en algo. ¿Cómo actúas cuando las cosas no están saliendo bien? ¿Qué sucede en tu interior cuando lo que te rodea es adverso? ¿Reniegas, maldices, haces las cosas en forma mediocre? La vida de José ha hecho que me cuestione en múltiples oportunidades. No sé cuántas veces he leído los capítulos de Génesis que relatan su historia. Lo cierto es que me ha sido difícil encontrar una grieta en el carácter de este hombre. Él, en compañía de Daniel, Esdras, Samuel y Nehemías entre otros, son hombres que nos inspiran a vivir con los más altos estándares de integridad, honestidad, esfuerzo y pasión por Dios. Que este tipo de vida sea el que marque el desarrollo de la nuestra y la de las personas que logremos influenciar.

LA NACIÓN

Así que el faraón dijo a José: "Como Dios te ha revelado el significado de los sueños a ti, es obvio que no hay nadie más sabio e inteligente que tú. Quedarás a cargo de mi palacio, y toda mi gente recibirá órdenes de ti. Solo yo, sentado en mi trono, tendré un rango superior al tuyo". El faraón dijo a José: "Yo, aquí en persona, te pongo a cargo de toda la tierra de Egipto". Luego el faraón se quitó de la mano el anillo con su sello oficial y lo puso en el dedo de José; lo vistió con ropas de lino de la mejor calidad y le puso un collar de oro. Después hizo que José subiera al carro de guerra reservado para su segundo en autoridad, y dondequiera que iba José, se gritaba la orden: "¡Arrodíllense!". Así que el faraón puso a José a cargo de todo Egipto, y le dijo: "Yo soy el faraón, pero nadie levantará una mano ni un pie en toda la tierra de Egipto sin tu aprobación". Luego el faraón le puso un nuevo nombre a José, un nombre egipcio: Zafnat-panea. También le dio una esposa, quien se llamaba Asenat y era hija de Potifera, el sacerdote de On. Entonces José se hizo cargo de toda la tierra de Egipto. Tenía treinta años cuando comenzó a servir en el palacio del faraón, rey de Egipto. Después, cuando José salió de la presencia del faraón, inspeccionó toda la tierra de Egipto.

—Génesis 41:39-46 NTV

Hay algo curioso al final de este texto, lo menciono en el capítulo del trabajo duro y es que al llegar al palacio la ética de trabajo de José no varió. Dice el texto que, al terminar toda la ceremonia y los protocolos de instalación como el segundo en poder en toda la nación, José salió a inspeccionar el país. Quiero destacar el hecho de que ese no fue el momento en el que este joven de treinta años dijo: "Ha sido más de una década de dolor, voy a tomar las cosas con calma". No, por el contrario. Él entendía que había urgencia en establecer los planes que Dios le había revelado para preservar la nación.

Cierta vez escuché a un predicador que decía que el premio que Dios les da a los que trabajan mucho es más responsabilidad. Eso se cumplió en José. Ahora no eran sus hermanos, otros esclavos ni otros prisioneros los que dependían de él. En sus manos, y bajo su supervisión, estaba el futuro de toda una nación y hasta los países vecinos.

Tal como se había predicho, la tierra produjo cosechas abundantes durante siete años. Todos esos años, José recogió todas las cosechas que crecieron en Egipto y guardó en las ciudades el grano de los campos aledaños. Acumuló grandes cantidades de grano, tanto como si fuera arena a la orilla del mar. Al final, dejó de registrar las cantidades porque había tanto que resultaba imposible medirlo … Finalmente acabaron los siete años de cosechas abundantes en toda la tierra de Egipto. Después comenzaron los siete años de hambre, tal como José había predicho. El hambre también azotó a todas las regiones vecinas, pero en todo Egipto había alimento de sobra. Con el tiempo, sin embargo, el hambre se extendió por toda la tierra de Egipto también. Cuando la gente reclamó alimento al faraón, él les dijo: "Vayan a ver a José y hagan todo lo que les diga". Entonces, dada la gravedad del hambre en todas partes, José abrió los graneros y distribuyó grano a los egipcios, porque el hambre era intensa en toda la tierra de Egipto. Y llegaba a Egipto gente de todas partes para comprarle grano a José, porque el hambre era intensa en todo el mundo.

—Génesis 41:47-49, 53-57 NTV

Para cerrar este capítulo en el que evaluamos la gran labor administrativa de José, vemos que ahora como gobernante, una vez más ocurrió lo mismo que había pasado anteriormente. De la misma forma en que Potifar no se preocupaba por su casa, en que el carcelero no se angustiaba por la prisión, ahora Faraón tampoco se afanaba por lo que pasaba en su país, ya que había un hombre diligente, buen administrador, lleno del Espíritu que estaba a cargo del trabajo.

No tenemos ningún tipo de referencia de que Faraón hubiese tenido que encargarse de la economía, la producción, las siembras o las cosechas de la nación. José se encargó de todo y lo hizo enriquecer en tal forma que ahora, absolutamente, lo que estaba en el territorio egipcio le pertenecía.

> José, pues, compró toda la tierra de Egipto para el faraón. Todos los egipcios le vendieron sus campos debido a que el hambre era severa. Así que pronto toda la tierra pasó a ser posesión del faraón. Y en cuanto a los habitantes, los hizo esclavos a todos, desde un extremo de Egipto hasta el otro.
>
> —Génesis 47:20-21 NTV

Concluyo este capítulo recordando lo que el rey Salomón nos enseña:

> Los perezosos pronto se empobrecen; los que se esfuerzan en su trabajo se hacen ricos.
>
> —Proverbios 10:4 NTV

Otra versión dice:

> Pobre es el que trabaja con mano negligente, mas la mano de los diligentes enriquece.
>
> —Proverbios 10:4 LBLA

Espera que Dios te prospere financieramente, la Biblia lo promete al que es trabajador. Solo te pido que cuando eso suceda no te olvides de Dios, de tu iglesia local, de los hombres y mujeres que han orado, llorado contigo y te han acompañado en tu trayecto hasta la cima.

Debo decir que uno de los principios más importantes que podemos aprender de José y la administración es discernir los tiempos.

No sé si lo sabes, pero ese dicho popular que se cita frecuentemente y que dice: "Estamos en época de vacas gordas o estamos en época de vacas flacas" refiriéndose a buenos o malos tiempos económicos, nace precisamente de la historia bíblica de José.

Creo sin temor a equivocarme que, de una forma u otra, todos hemos pasado por ese tipo de épocas, momentos de mayor abundancia y otros de escasez. José nos enseña uno de los principios más importantes para todo líder: el ahorro.

Por la gracia de Dios he tenido el privilegio de viajar prácticamente a todos los países del continente predicando sobre el tema de las finanzas y puedo decir que siempre he citado a José como un modelo a seguir. Fue por el ahorro y la buena administración gestionados por él que Egipto y las naciones vecinas sobrevivieron a siete años de escasez. Así que debemos aprender algo de él.

En los años 2020 y 2021, cuando los meses iban pasando y la pandemia no terminaba, se hizo frecuente recibir llamadas de los miembros de Presencia Viva que deseaban agradecer la capacitación y la enseñanza que impartimos, en años anteriores, sobre cómo poner orden en sus finanzas y acerca de temas tan candentes como el salir de deudas, hacer sus presupuestos y establecer fondos para emergencias. Recuerdo una llamada en especial en la que un hombre me decía: "Si la pandemia hubiera ocurrido tres años atrás, no sé qué habría hecho. Seguramente no hubiese tenido con qué comer ni pagar mis obligaciones. Gracias por prepararnos para momentos como esos".

Al iniciar las conferencias de finanzas la primera pregunta que planteo es: Si perdieras tus ingresos de manera repentina, ¿cuánto tiempo podrías sobrevivir? Por años, algunas personas pensaban que esa era una pregunta pesimista o que la planteaba una persona falta de fe. La pandemia me dio la razón. Millones de personas en todo el mundo perdieron sus trabajos, sus ingresos y, en algunos casos, hasta sus negocios. En mi libro *Libertad financiera* explico en detalle la diferencia entre un pesimista y un precavido. José fue un precavido. Yo me considero uno, igualmente. Mientras que el pesimista sabe que las cosas malas pueden suceder y hasta puede estar seguro de que a él le van a pasar, el precavido está consciente de que las cosas malas pueden ocurrir pero, en su caso, se prepara para afrontarlas.

José sabía que los tiempos malos vendrían y, por esa razón, se preparó. Deseo motivarte a que te capacites en el aspecto financiero. Hemos tenido el privilegio de ayudar a cientos de miles de familias, de forma directa o indirecta, a salir de deudas. Lo hemos hecho en todo el continente. No hay tal cosa como ser un buen administrador y estar sumergido en el océano de las deudas. El principio fundamental que enseño en las finanzas es: el orden produce milagros. Puedes ver, desde Génesis hasta la vida de Jesús, que el orden y la administración son la clave para alcanzar la libertad financiera que José experimentó y que hoy está a nuestro alcance.

Solo repasa la historia. En el principio la tierra estaba desordenada y vacía, ante tal condición la respuesta de Dios fue establecer el orden. Así que separó la luz de las tinieblas, lo seco de lo húmedo para entonces tener las condiciones perfectas para generar los milagros de vida y multiplicación. Lo puedes ver en Jesús, antes de multiplicar los peces y los panes, lo primero que hace es sentar a la gente en forma organizada, en pequeños grupos.

La conclusión a la que he llegado, en esencia, es que Dios no multiplica el desorden; al contrario, honra el orden.

Después de visitar decenas de iglesias en el continente, he llegado a otra triste conclusión: la situación económica de la gran mayoría de los hijos de Dios es como la de la tierra en Génesis capítulo uno. Me explico, he visto cómo tienen sus finanzas desordenadas y las cuentas de ahorros vacías. Pido a Dios que no sea tu caso y, si por alguna razón estoy hablando de ti, que tomes las decisiones que José hizo, que establezcas el orden y alcances la libertad financiera.

Recuerda lo que Salomón nos enseña:

> Mantente al tanto del estado de tus rebaños y entrégate de lleno al cuidado de tus ganados, porque las riquezas no duran para siempre, y tal vez la corona no pase a la próxima generación.
>
> —Proverbios 27:23-24 NTV

Asegúrate de conocer la condición de tus finanzas, es decir, tener un presupuesto, conocer los montos de intereses que estás pagando si tienes deudas, estar al día con tus pagos, buscar mejores opciones, mejores proveedores de servicios, etc.

Asegurémonos de cumplir lo que la Biblia observa:

La gente buena deja una herencia a sus nietos, pero la riqueza de los pecadores pasa a manos de los justos.
—Proverbios 13:22 NTV

Que lo que le dejemos a nuestra familia no sean deudas, sino un buen nombre y una gran herencia; esa es la meta bíblica que debemos alcanzar.

REFLEXIONA

1. ¿Cuentas con un presupuesto personal?

_____

_____

_____

_____

_____

_____

2. ¿Está tu cama tendida, tu ropa en orden, tu carro limpio?

_____

_____

_____

_____

_____

_____

3. ¿Crees que has sido fiel en administrar lo "poco" para que Dios te confíe lo mucho?

_____

_____

_____

_____

4. ¿Has establecido un plan para salir de deudas y cumples con él?

_____

_____

_____

_____

_____

5. ¿Son tus finanzas, el orden en tu casa o el aseo de tu auto, un reflejo de tu condición profesional actual?

_____

_____

_____

_____

Capítulo 3

LA INTEGRIDAD

En el estudio sobre la vida de José, hay un aspecto que es imposible dejar de resaltar, y es que definitivamente era un hombre de integridad.

Algunos años atrás escuché una definición de integridad que me llamó mucho la atención. Decía que algo es íntegro cuando es del mismo material por dentro y por fuera, es decir, no tiene mezcla alguna. El diccionario nos dice que algo es íntegro cuando está completo. Estos dos conceptos son interesantes, ya que —sin lugar a dudas— esta es una de las características más ausentes en el liderazgo mundial actual.

Casi a diario, prácticamente, nos encontramos en las noticias con escándalos de personajes públicos. En muchos casos, de una manera irresponsable, afirman en su defensa que una cosa es su vida privada y otra la pública. En otras palabras, es como si dijeran: "Soy de un material por dentro y de otro por fuera". Ellos mismos, en su "defensa", declaran que son personas diferentes; esto es, su comportamiento varía según el lugar donde se encuentren. Lo preocupante es que esta es una tendencia que se está normalizando.

Hace un tiempo me pidieron que dictara una conferencia empresarial que titulé: "El eslabón perdido del liderazgo". En ella hacía un recuento de la triste condición del liderazgo global; mostraba diversos casos de corrupción e inmoralidad en los diferentes ámbitos de la sociedad.

Es triste hacer un recuento de todos los expresidentes latinoamericanos que están en la cárcel e inclusive, en un país en particular, todos ellos han estado encarcelados. De igual manera ocurre con los casos de corrupción en la FIFA, el ciclismo y hasta la compra de becas deportivas universitarias por parte de actores, políticos y figuras públicas en

Estados Unidos. Los ídolos deportivos de nuestros hijos siendo investigados por evasión de impuestos o expuestos a casos de infidelidad, drogadicción y alcoholismo. Incluso al explorar en el ámbito religioso la situación parece no ser muy diferente, líderes investigados por maltrato de menores, robo, adulterio y hasta abuso de sustancias.

Pareciera que no hay dónde encontrar modelos idóneos a seguir. Da la impresión de que es imposible hallar figuras íntegras que sean dignas de admirar, y mucho menos de imitar. Es por esa razón que deseo destacar esta virtud en la vida de José. Creo que este hombre tuvo no una, sino varias ocasiones en las cuales su integridad pudo haberse puesto en peligro. Sin embargo, no encontramos ningún indicio en el relato bíblico en el cual se señale que dio su brazo a torcer o hubiese cedido ante las "oportunidades" que se le presentaron.

Algo que es importante resaltar es que José, desde joven, fue un hombre íntegro. Quiero imaginarme la posibilidad de que su papá sostuvo conversaciones con él acerca de los dolores que traían a la vida la mentira, el engaño y el ser suplantador. Es probable que Jacob le enseñara el principio de que todo lo que uno siembra lo recoge multiplicado y le hablara de cómo tuvo él que llegar a un punto en el que se rindió ante Dios para que fuese formado en él un carácter diferente, de tal forma que hasta tuvo un cambio de nombre (Israel) y —por qué no decirlo— de naturaleza, pasar de ser un engañador a uno que gobierna con Dios.

La Biblia nos dice que José vio comportamientos en sus hermanos que no eran dignos de lo que su padre les había enseñado.

"Esta es la historia de Jacob y su familia. Cuando José tenía diecisiete años, apacentaba el rebaño junto a sus hermanos, los hijos de Bilhá y de Zilpá, que eran concubinas de su padre. El joven José solía informar a su padre de la mala fama que tenían estos hermanos suyos".

—Génesis 37:2

La familia de Jacob sufrió muchas disfunciones. En la Biblia vemos que asuntos como la inmoralidad, la comparación, el favoritismo, la mentira, la envidia, la violencia y la ira la caracterizaron, sin embargo, pareciera que José se aplicó un antídoto a todo ese veneno que corría por la sangre de sus familiares.

José constituye una inspiración y nos trae esperanza a todos, ya que cualesquiera sean nuestros antecedentes, el pasado familiar, lo que hicieron nuestros abuelos o nuestros padres, podemos romper con eso y decidir ser diferentes. Honrar a Dios es opcional y eso fue lo que José hizo durante su vida.

UNA PRUEBA DIFÍCIL

Uno de los momentos de mayor desafío para José fue al llegar a la casa de Potifar. Veamos lo que la Palabra de Dios relata.

Por esto Potifar dejó todo a cargo de José, y tan solo se preocupaba por lo que tenía que comer. José tenía muy buen físico y era muy atractivo. Después de algún tiempo, la esposa de su patrón empezó a echarle el ojo y le propuso: Acuéstate conmigo. Pero José no quiso saber nada, sino que le contestó: Mire, señora: mi patrón ya no tiene que preocuparse de nada en la casa, porque todo me lo ha confiado

a mí. En esta casa no hay nadie más importante
que yo. Mi patrón no me ha negado nada, excepto
meterme con usted, que es su esposa. ¿Cómo podría
yo cometer tal maldad y pecar así contra Dios? Y
por más que ella lo acosaba día tras día para que se
acostara con ella y le hiciera compañía, José se mantuvo firme en su rechazo. Un día, en un momento
en que todo el personal de servicio se encontraba
ausente, José entró en la casa para cumplir con sus
responsabilidades. Entonces la mujer de Potifar lo
agarró del manto y le rogó: ¡Acuéstate conmigo!
Pero José, dejando el manto en manos de ella, salió
corriendo de la casa.

—Génesis 39:6-12

Alguien me dijo un día que la reputación se gana en
público pero que la integridad se muestra en privado, lo que
ciertamente fue una realidad para José. En la porción que
acabamos de leer vemos algunas cosas dignas de destacar.

LA CONFIANZA

Ante la propuesta de la esposa de Potifar, José responde
argumentando algo que es invaluable para toda persona
que tiene a otras bajo su mando: la confianza. Me llama la
atención la forma en que José le responde: "Mi patrón no
tiene de que preocuparse porque todo me lo ha confiado".

Potifar había encontrado en ese esclavo hebreo un hombre que era digno de que él le entregara su "chequera",
hablando en términos modernos. Podía confiar tanto en
el que hasta era capaz de darle las claves de acceso a sus
bóvedas. José continúa explicándole a la mujer que su jefe

no le ha negado nada, que él tiene acceso a todo; excepto a ella misma.

Uno de los dolores más fuertes que podemos enfrentar en la vida es precisamente la traición, que es una modalidad de engaño. Muchas personas, incluso nuestro Señor Jesús, han tenido que enfrentar esa situación, lo cual es una herida muy profunda.

No son pocas las veces en las que me he reunido con parejas que han atravesado la dolorosa experiencia de la infidelidad. La persona que fue traicionada, con la ayuda y la búsqueda de Dios, llega a un punto en que logra perdonar; sin embargo, volver a confiar parece que es una tarea aún más difícil. No sé si alguna vez te ha sucedido que llegas a un lugar donde hay un olor que inmediatamente te "hace" recordar un momento o una situación vivida anteriormente. Es como si en nuestra memoria se hubiese codificado algo que enlaza un olor, una cosa o hasta un nombre con una experiencia del pasado.

El problema que enfrentan las personas que han vivido un engaño es precisamente ese, hay un temor tácito de que se vuelva a repetir esa situación que causó tanto dolor, por lo que se generan —lo que los profesionales llaman— "gatillos o disparadores", que activan las alertas; puesto que a ningún ser humano le gusta ser herido.

José desarrolló la capacidad de ser un hombre confiable a pesar de las "oportunidades" que se le presentaron. Tú y yo debemos procurar ser como él.

EL SECRETO

Me impacta la belleza de la Biblia al enseñarnos e instruirnos en el camino de Dios. No hay detalle pequeño. Aquello que posiblemente leímos muchas veces, en una nueva lectura puede abrir espacios para nuevos conocimientos.

El versículo 11 nos muestra una de las pruebas más grandes que José enfrentaría y que le haría manifestar, de manera dramática, su carácter.

> Un día, en un momento en que todo el personal de servicio se encontraba ausente, José entró en la casa para cumplir con sus responsabilidades. Entonces la mujer de Potifar lo agarró del manto y le rogó: "¡Acuéstate conmigo!". Pero José, dejando el manto en manos de ella, salió corriendo de la casa.
>
> —Génesis 39:11-12

Quiero destacar el inicio del versículo: un día, en un momento… ¿sabes?, muchas personas me han explicado que sus grandes caídas fueron cuestión de un momento. He escuchado cosas como: "No fueron más de cinco minutos" o "No sé qué pensamiento me pasó por la mente y no dimensioné lo que sucedería".

La esposa de Potifar seguramente evaluó su plan y al no ver que su constante propuesta de una aventura inmoral encontraba respuesta en José, pensó que si esperaba al momento oportuno seguramente el muchacho respondería de manera diferente. Por esa razón aguardó sigilosamente el instante en el que no había nadie en casa.

Esa señora me recuerda la descripción que Salomón hace de este tipo de mujeres:

> Hijo mío, presta atención a mi sabiduría, escucha cuidadosamente mi sabio consejo. Entonces demostrarás discernimiento, y tus labios expresarán lo que has aprendido. Pues los labios de una mujer

inmoral son tan dulces como la miel y su boca es más suave que el aceite. Pero al final ella resulta ser tan amarga como el veneno, tan peligrosa como una espada de dos filos. Sus pies descienden a la muerte, sus pasos conducen derecho a la tumba. Pues a ella no le interesa en absoluto el camino de la vida. Va tambaleándose por un sendero torcido y no se da cuenta. Así que ahora, hijos míos, escúchenme. Nunca se aparten de lo que les voy a decir: ¡Aléjate de ella! ¡No te acerques a la puerta de su casa! Si lo haces perderás el honor, y perderás todo lo que has logrado a manos de gente que no tiene compasión. Gente extraña consumirá tus riquezas, y otro disfrutará del fruto de tu trabajo. Al final, gemirás de angustia cuando la enfermedad consuma tu cuerpo. Dirás: "¡Cuánto odié la disciplina! ¡Si tan solo no hubiera despreciado todas las advertencias! ¿Por qué no escuché a mis maestros? ¿Por qué no presté atención a mis instructores? He llegado al borde de la ruina y ahora mi vergüenza será conocida por todos".

—Proverbios 5:1-14 NTV

La integridad en el área sexual está bajo presión a cada minuto. En el pasado se pensaba que esa era una situación que oprimía solamente a los hombres, pero vemos que no es así. Las estadísticas muestran, por ejemplo, que el consumo de pornografía en las mujeres ha crecido de manera dramática. Ya no es algo exclusivo de los hombres. Personas de ambos sexos enfrentan el bombardeo de una sociedad cada vez más sexual.

Los comerciales, las novelas, las series, las películas, la publicidad, los anuncios en los centros comerciales, hasta las revistas que están en los estantes a los lados de las cajas registradoras de los supermercados —cuando haces la fila para pagar—, están llenos de imágenes que pueden ser como ese olor del que hablé anteriormente que impulsa a la gente a transitar los caminos de la inmoralidad.

Por años, en mi vida profesional, viajé por diferentes países haciendo negocios, a miles de kilómetros de mi casa, en lugares donde nadie me conocía. Debo decir que, prácticamente, en cada hotel encontraba esposas de "Potifar" presentándose en diversas formas.

En algunas culturas, por tradición —en el campo de los negocios— se acostumbra "atender a los clientes" con ese tipo de favores. Recuerdo un viaje que hice a Hong Kong, en el que nos reunimos con un proveedor de equipos de refrigeración para supermercados. Estábamos construyendo cinco grandes almacenes detallistas y requeríamos ese tipo de equipos. Se trataba de una operación millonaria. Al finalizar el día de trabajo, el proveedor nos llevó a un hermoso restaurante a cenar. Al salir de allí nos llevó a un lugar donde tenía una mujer para cada uno de los ejecutivos que viajamos. Fue un momento muy desagradable del cual, por la misericordia de Dios, pude salir huyendo al igual que José. Pero el tema que deseo destacar es que estaba en un país lejano. Nadie me conocía y aquello era algo casual, iba a ser por un "momento". Sin embargo, es en situaciones como esas en las que se prueba si eres íntegro o no.

Cuando afirmo que en esa época de mi vida conocí muchas esposas de Potifar lo digo porque fue así, se presentaban de diversas formas, me explico.

Existe una industria de corrupción gigantesca alrededor del turismo, por esa razón digo que la esposa de Potifar se presentaba de diversas formas. Algunas veces eran taxistas que me recogían en el aeropuerto y me decían: "¿Quiere

ir al hotel o desea que lo lleve a donde está la 'acción'?".
De igual manera tomaba la forma de botones o recepcionistas a la llegada del hotel cuando me decían: "Puedo conseguir cualquier cosa que desee para entretenerse, estoy para servirle". Recuerdo de manera particular el sonido que producían los montones de tarjetas ofreciendo "servicios" sexuales en las manos de las personas que las movían como si fueran naipes y que las ofrecían en la ciudad de Las Vegas al salir de las grandes convenciones de negocios. Pero esas "esposas" también tomaban la forma de televisor al llegar a la soledad de la habitación del hotel. Hoy las esposas de Potifar se presentan en las aplicaciones de los teléfonos, en los chats de los amigos del pasado, en las redes sociales, en cualquier serie de televisión. Constantemente enfrentamos estas ofertas a pecar contra Dios y nuestros cónyuges.

La esposa de Potifar sabía las "ventajas" del secreto, de la soledad, de aquello que se hace en lo oculto, de aquella mentira del enemigo que grita: "Nadie lo va a saber". La Palabra una vez más nos muestra dónde estaba parado José, ya que él pensó en su amo y en la confianza que le había brindado. Sin embargo, el versículo 39 nos dice lo que verdaderamente motivaba a este gran hombre.

> ¿Cómo podría yo cometer tal maldad y pecar así contra Dios?
>
> —Génesis 39:9b

Todo hombre y mujer de Dios debe entender que aunque esté en otro país a miles de kilómetros de casa, en la intimidad de una habitación de hotel, encerrado en la oficina, en un auto, en un lugar recóndito, en cualquier sitio secreto, allí siempre está Dios y —en definitiva— es contra él que se comete pecado.

La Biblia nos dice:

> Ustedes no han sufrido ninguna tentación que no sea común al género humano. Pero Dios es fiel, y no permitirá que ustedes sean tentados más allá de lo que puedan aguantar. Más bien, cuando llegue la tentación, él les dará también una salida a fin de que puedan resistir.
>
> —1 Corintios 10:13

> Huyan de la inmoralidad sexual. Todos los demás pecados que una persona comete quedan fuera de su cuerpo; pero el que comete inmoralidades sexuales peca contra su propio cuerpo.
>
> —1 Corintios 6:18

Aunque estos últimos versículos no se escribieron en los tiempos de José, este hombre de Dios cumplió lo que dijo el apóstol Pablo siglos más tarde. José fue un hombre radical, no se arriesgó a pecar, no cometió el error que muchas personas me han comentado: "Lo cometí una sola vez".

Una vez hablé con una persona que había sido atrapada robando en la empresa para la que trabajaba. Me confesó lo siguiente: "Lo más difícil fue la primera vez, con el transcurrir del tiempo se fue haciendo más fácil hasta que se hizo normal para mí".

Al llegar al cierre de este capítulo deseo aconsejarte que tengas cuidado. No creas la mentira de que solo será un momento o que nadie se enterará. Sobre todo, no permitas que suceda una primera vez. No aceptes un soborno una primera vez, no seas infiel una primera vez, no robes una primera vez; las consecuencias van a ser costosas. Tu familia y tus amigos van a salir heridos. Perderás la confianza y la admiración de tus seres queridos, cosa que será muy difícil recuperar.

Recordemos las palabras de Jesús:

"Porque no hay nada oculto que no haya de ser manifestado; ni escondido, que no haya de salir a luz".

—Marcos 4:22 RV1960

EL PRECIO

Debo decir que ser íntegro, muchas veces, te va a salir caro. Vas a sufrir consecuencias en lo natural, aunque eso genera un fruto espiritual asombroso y contribuirá a moldear tu carácter de una manera extraordinaria.

En principio, la integridad le salió costosa a José. No sé si en algún momento de debilidad haya pensado: "Por honrar a Dios, mira en la que me metí. Hubiese sido mejor acostarme con esa mujer. Por no hacerlo, perdí mi trabajo, fui acusado injustamente y terminé olvidado en la cárcel".

No se sabe con exactitud cuánto tiempo pasó José en la cárcel. Pero fueron más de dos años, ya que ese fue el tiempo que el copero se olvidó de él después de interpretar el sueño que tuvo. No sé si fueron cuatro, seis o diez años, lo que definitivamente sabemos es que fue costoso. La injusticia, el olvido y la mentira hicieron que un hombre íntegro sufriera.

TODO EL MUNDO LO HACE

Vivo con la convicción de que se es o no se es íntegro. Es decir, de la misma manera en que una mujer no puede estar más o menos embarazada, una persona no puede ser más o menos íntegra. La integridad no depende de cifras monetarias. No hay tal cosa como que "soy íntegro con mil dólares, pero si lo que me ofrecen es un millón, tengo que pensarlo".

Hay un momento de mi infancia que recuerdo con mucha claridad. Un día, mi mamá me envió a comprar carne de res en un lugar cercano a la casa. A mi regreso, me vio sonriente. Lucía bastante feliz. Era un pequeño de no más de diez años que amaba las matemáticas, por lo que me di cuenta de que el dependiente de la carnicería se había equivocado en la cantidad de dinero que me había dado de vuelto por la compra de la carne. Honro a mi mamá porque ella utilizó ese momento para enseñarme una gran lección que me ha acompañado toda mi vida. Con la chancleta en la mano me "inspiró y motivó" a caminar de regresó a la tienda para devolver el dinero que me habían dado por error. Eso me enseñó a no aprovecharme de las equivocaciones de las personas, a no robar, a no poner a la venta la paz con Dios y conmigo mismo.

En cada mundial de futbol se publica un álbum con las fotografías de los equipos y los jugadores participantes. El caso que voy a mencionar fue en 1982 y yo estaba llenando el álbum de figuritas del mundial de España. El asunto es que encontré una forma de adquirir dinero rápido para comprar los sobres de figuritas. Convertirme en el cajero del supermercado que tenían mis papás. La idea era sencilla, por mi habilidad con las matemáticas, podía ayudar a atender, cobrar y dar el cambio de las compras de los clientes. En tanto cobraba a los clientes, algunas monedas iban directo a mi bolsillo y así engordaba mis reservas para comprar las figuritas y llenar el álbum rápidamente. Todo iba muy bien hasta que apareció nuevamente la chancleta, esta vez estaba saliendo del baño tal cual Dios me había creado y me encontré con ella. Mientras me disciplinaba, mamá me decía: "Así empezaron los grandes ladrones y los hombres malvados que están en las cárceles. Algún día me lo agradecerás". ¿Algún día se lo agradeceré?, eso parecía una declaración ilógica. Tengo que reconocer que la verdad es que esos momentos y otros, en los que la chancleta siempre estuvo presente, me prepararon para el futuro.

Al pasar los años y llegar a ser director de compras en una organización multinacional, uno de los proveedores con que habíamos hecho negocios por varias decenas de millones de dólares me ofreció como "regalo" un apartamento frente a la playa en Miami. Me explicaba que estaba muy agradecido conmigo y que deseaba asegurarse de que continuáramos haciendo negocios, por lo cual quería retribuirme con ese "obsequio". En esencia, esa persona me estaba asignando un precio. En adelante ya no tendría poder de decisión, mi conciencia, mis acciones y mis compras se verían afectadas. Ese día le agradecí a mi mamá y a la chancleta por la lección aprendida desde la niñez, eso me preparó para poder decir no a una oferta tentadora.

Han sido varios los momentos en los que no solo he dejado de percibir dinero fácil; en algunos casos, me ha salido más caro ser íntegro que hacer lo que todo el mundo hace. Años atrás compré una casa para inversión en pre construcción con el objeto de venderla en el momento en el que estuviera terminada. Al llegar la fecha en la que se iba a realizar el proceso final de la compra, el banco me exigió un seguro. Cuando empecé a contactar a diversas agencias de seguros, algunas me dijeron algo como lo siguiente: "Si dices que la propiedad es para vender, el seguro te va a costar más de cuatro mil dólares; pero, si dices que la vas a alquilar, no va a costar más de mil quinientos". Aunque yo insistí que la verdad era que la propiedad se iba a vender ellos me decían que no valía la pena regalarle dinero a la aseguradora. Recuerdo que uno de ellos me dijo: "Invéntate un contrato, que te lo firme un amigo y con eso es suficiente, yo te lo acepto y te ahorras ese dinero, eso es algo que todo el mundo hace".

Lo que todo el mundo hace, para nosotros, no puede ser la regla. Debemos tomar decisiones que sean correctas, aunque no sean las más populares, ni las más celebradas, aunque nos cueste más dinero.

A continuación contaré una breve historia de un muchacho que conocí en la iglesia y su proceso de inmigración a Estados Unidos. Ese joven había llegado al país con sus padres y después de muchos años, finalmente, habían cumplido los requisitos y el tiempo fijado por el gobierno para obtener la residencia permanente en el país.

El día de la entrevista, ante el departamento de inmigración, fue preparado con todos los documentos. Había pagado los tarifas correspondientes para cubrir el proceso. Todo estaba listo. Solo debía contestar algunas preguntas al oficial de inmigración y se convertiría en residente permanente. En medio de proceso el funcionario le preguntó: "¿Es usted residente permanente de los Estados Unidos?". Extrañado por la pregunta, obviamente respondió que aún no, que por eso estaba haciendo esa solicitud. Acto seguido, el oficial le dijo: "¿Por qué razón, entonces, cuando solicitó su ingreso a una universidad pública para estudiar, usted dijo que era residente legal? Usted mintió, como consta en un documento oficial, para pagar menos dinero en su matrícula; eso es una ofensa al gobierno. Por lo tanto, su residencia es negada".

En otra ocasión, una pareja estaba lista para que el esposo obtuviera su residencia permanente en los Estados Unidos. El hombre recibiría ese beneficio porque su esposa era ciudadana americana. En el momento de la entrevista, el oficial le preguntó al individuo dónde había nacido su mujer, a lo que él respondió que en Cuba. El oficial entonces le dijo: "Sabemos la verdad, ella es venezolana y obtuvo un certificado de nacimiento cubano falso con el que años atrás consiguió, de manera indebida, la ciudadanía americana". Todo se descubrió. La mujer, años antes de conocer a Jesús, aceptó comprar ese documento puesto que los ciudadanos cubanos tenían privilegios para ser legalizados en Estados Unidos en muy breve tiempo. Habían pasado varios años y, para ella, era una situación del pasado. Sin embargo, repentinamente, estaban involucrados en una pesadilla.

Cuando me llamaron, tuve que ir a visitar a su esposo a la cárcel, mientras que a ella le impusieron un grillete electrónico para rastrear sus movimientos. Fueron varios años de audiencias, abogados, jueces, temores, incertidumbre y miles de dólares hasta que recibieron —por la misericordia de Dios— el perdón por parte del gobierno.

Podría llenar este libro con diversas historias que he tenido que presenciar en más de dos décadas de ministerio. Sin embargo, no ha habido ni una sola en la que el final sea diferente: nada queda oculto para siempre.

Por eso insisto, por favor, recuerda que no hay nada oculto que no ha de salir a la luz. Decide vivir en luz, no permitas que haya áreas oscuras en tu vida. Honra a Dios con tus pensamientos, tus palabras y tus acciones; el final será mejor, aunque el inicio tenga sus retos.

Busca ayuda, confiesa, haz tus impuestos correctamente. No mientas, aléjate de las relaciones indebidas, vive en integridad y honra a Dios, estas son decisiones diaria que debemos tomar. Cada día enfrentaremos retos pero, paso a paso, obtendremos la victoria sobre la mentira, la corrupción, el engaño y la falta de integridad.

Recuerda:

No hay nada escondido que no llegue a descubrirse, ni nada oculto que no llegue a conocerse públicamente.

—Lucas 8:17

Para terminar deseo invitarte a hacer algo que David nos enseña:

¡Oh, qué alegría para aquellos a quienes se les perdona la desobediencia, a quienes se les cubre su pecado! Sí, ¡qué alegría para aquellos a quienes el Señor les borró la culpa de su cuenta, los que llevan una vida de total transparencia! Mientras me negué a confesar mi pecado, mi cuerpo se consumió, y gemía todo el día. Día y noche tu mano de disciplina pesaba sobre mí; mi fuerza se evaporó como agua al calor del verano. Interludio. Finalmente te confesé todos mis pecados y ya no intenté ocultar mi culpa. Me dije: "Le confesaré mis rebeliones al Señor", ¡y tú me perdonaste! Toda mi culpa desapareció. Interludio. Por lo tanto, que todos los justos oren a ti, mientras aún haya tiempo, para que no se ahoguen en las desbordantes aguas del juicio. Pues tú eres mi escondite; me proteges de las dificultades y me rodeas con canciones de victoria. Interludio. El Señor dice: "Te guiaré por el mejor sendero para tu vida; te aconsejaré y velaré por ti. No seas como el mulo o el caballo, que no tienen entendimiento, que necesitan un freno y una brida para mantenerse controlados". Muchos son los dolores de los malvados, pero el amor inagotable rodea a los que confían en el Señor. ¡Así que alégrense mucho en el Señor y estén contentos, ustedes los que le obedecen! ¡Griten de alegría, ustedes de corazón puro!

—Salmos 32:1-11 NTV

Se rápido y diligente para confesar tu pecado, eso te traerá sanidad, libertad y el respaldo de Dios. Por favor, recuerda que Dios es luz no tinieblas. Mientras mantengas cosas ocultas, el que gobierna sobre ellas es el enemigo que te acusa y hasta te enferma. Hay algo sobrenatural en la confesión, es un cambio de jurisdicción, es cuando Dios gobierna y tú eres beneficiario de su misericordia.

Hace muchos años escuché un ejemplo que es muy pertinente para este punto. No sé si en algún momento has jugado en una piscina con una pelota plástica tratando de mantenerla bajo el agua, seguramente lo has hecho. ¿Qué quiero decir con esto? Que la persona que trata de mantenerla bajo el agua, tiene que hacer un gran esfuerzo. La pelota, por efectos de la resistencia a hundirse, tiende a querer salir a la superficie en tanto que la persona que la tiene en sus manos o bajo sus piernas debe tratar de impedir que eso suceda.

Con el pecado oculto pasa lo mismo, la verdad sacará a la luz lo oculto ya que es lo normal, aunque cada vez las personas traten de esconderla y empujarla hacia abajo. Me explico, la pelota no se cansa de tratar de salir a la superficie porque lo normal para ella es estar sobre el agua, en tanto que la persona que trata de mantenerla bajo el agua cada vez debe hacer más esfuerzo sin que al final triunfe. Necesitamos entender que la verdad prevalecerá.

Porque nada podemos hacer contra la verdad, sino sólo a favor de la verdad.

—2 Corintios 13:8 LBLA

Una última advertencia, cuando la pelota sale a la superficie salpica mucha agua. De igual forma, cuando una verdad sale a la luz, muchas personas saldrán salpicadas. Una de las grandes tristezas que he tenido que presenciar es el dolor que se causa a los seres queridos cuando alguien no calculó el "costo" de sus acciones. Usualmente las personas que tienen una vida oculta creen la mentira de que esa situación solo les afecta a ellos. La realidad es que se van a llevar a muchas otras y las van a exponer a la vergüenza, la crítica, la burla y —en algunos casos— hasta al desprecio.

1. ¿Qué piensas acerca de la declaración que hacen ciertas personas respecto a su conducta moral cuando dicen: "Mi vida privada es una y la pública es otra"?

_____

_____

_____

_____

_____

2. Sé sincero, ¿eres la misma persona siempre o te comportas según estés solo o acompañado?

_____

_____

_____

_____

_____

3. Si te citan para una auditoría del departamento de rentas sobre los impuestos, ¿dormirías tranquilo?

_____

_____

_____

_____

4. ¿Hay alguna situación en tu vida que temas que tus conocidos se enteren?

_____

_____

_____

_____

_____

5. ¿Hay algo en tu vida de lo cual te avergüences y nadie lo sepa?

_____

_____

_____

_____

_____

Capítulo 4

LA RESILIENCIA

Es posible que en algún momento hayas escuchado este término que, a primera vista, parece algo extraño y quizás técnico: resiliencia. Deseo primeramente explicarlo en forma breve y, en segundo lugar, mostrar que fue una característica clave en la vida de José.

La Real Academia Española define *resiliencia* como la capacidad de adaptación de un ser vivo frente a un agente perturbador o un estado o situación adverso. En otros ámbitos se dice que la resiliencia es la capacidad de regresar al estado normal o natural después de una situación perturbadora.

La vida de José y su actitud frente a las variadas situaciones que enfrentó, de manera especial las injusticias, deben ser un modelo y ejemplo a seguir para nosotros. Al recorrer la Biblia y estudiar la vida de José hallamos situaciones bastante difíciles y desafiantes con las que, para ser honesto, muchas personas hubiesen sucumbido ante la amargura, el odio, el resentimiento, la falta de perdón y muchos otros sentimientos nocivos. José sobresale frente a muchos otros personajes de la Biblia por la capacidad que tuvo, a través del Espíritu Santo, para superar la ofensa.

Veamos algunas de las cosas vividas por José y que pido a Dios se conviertan en un espejo para que cada uno de nosotros podamos superar situaciones vividas en el pasado o, mucho mejor, nos preparen para enfrentar los retos del futuro.

LA ENVIDIA Y EL ODIO

"Viendo sus hermanos que su padre amaba más a José que a ellos, comenzaron a odiarlo y ni siquiera lo saludaban. Cierto día José tuvo un sueño y, cuando se lo contó a sus hermanos, estos le tuvieron más odio todavía".

—Génesis 37:4-5

"Sus hermanos le tenían envidia, pero su padre meditaba en todo esto".

—Génesis 37:11

Mi propósito en el desarrollo de este libro no es presentar a José como un hombre perfecto o infalible, es evidente que el único perfecto es Jesús. Sin embargo, debo resaltar que como ser humano normal pudo decidir perdonar, superar, olvidar y seguir adelante para mantenerse saludable emocionalmente.

Es posible que hayas experimentado la envidia o el odio por parte de alguien, tal como sucedió con nuestro protagonista. Pero lo complejo en la vida de José es que esa situación se presentaba no con algún conocido o compañero de trabajo sino con su propia familia, eran sus hermanos los que lo despreciaban, sentían resentimiento por él y lo maltrataban.

Es necesario aclarar que detrás de toda esa situación estaba Jacob, que generó una dinámica poco saludable con su manifiesto favoritismo por uno de sus hijos, en menoscabo de los demás. Esa situación era evidente para sus hermanos. Se notaba que el preferido era José, a tal punto que su propia vestimenta era un recordatorio constante de que su papá tenía un favorito. Ese sentimiento seguramente fue creciendo con el tiempo y se avivaba cada vez que José abría su boca para hablar sobre sus sueños y el destino que él entendía que tendría por parte de Dios.

Israel continuó: "Vete a ver cómo están tus hermanos y el rebaño, y tráeme noticias frescas". Y lo
envió desde el valle de Hebrón. Cuando José llegó a
Siquén, un hombre lo encontró perdido en el campo
y le preguntó: "¿Qué andas buscando?". "Ando
buscando a mis hermanos —contestó José—. ¿Podría
usted indicarme dónde están apacentando el rebaño?". "Ya se han marchado de aquí —le informó
el hombre—. Les oí decir que se dirigían a Dotán".

—Génesis 37:14-17a

La envidia y el rencor de esos muchachos llegó a tal nivel
que, en cuanto vieron la oportunidad, quisieron deshacerse
de él y hasta matarlo.

José siguió buscando a sus hermanos, y los encontró cerca de Dotán. Como ellos alcanzaron a verlo
desde lejos, antes de que se acercara tramaron un
plan para matarlo. Se dijeron unos a otros: "Ahí
viene ese soñador. Ahora sí que le llegó la hora.
Vamos a matarlo y echarlo en una de estas cister-
nas, y diremos que lo devoró un animal salvaje. ¡Y
a ver en qué terminan sus sueños!". Cuando Rubén
escuchó esto, intentó librarlo de las garras de sus
hermanos, así que les propuso: No lo matemos. No
derramen sangre. Arrójenlo en esta cisterna en el
desierto, pero no le pongan la mano encima. Rubén
dijo esto porque su intención era rescatar a José y
devolverlo a su padre.

—Génesis 37:17b-22

Si no conoces la historia, finalmente —y por providen-
cia divina— aparecen unos mercaderes ismaelitas en ese

preciso instante. Sus crueles hermanos negocian con ellos la transacción de José como un simple objeto, por lo que este es vendido como esclavo y llevado a Egipto, donde continuaría su proceso de quebrantamiento.

No puedo decir que el corazón de José se mantuvo puro pero, por lo menos, no vemos en su actitud reclamo ni amargura. Al contrario, entra a una nueva etapa de su vida consciente de que Dios es soberano y que lo guiará hasta que se cumplan sus sueños.

LA FALSA ACUSACIÓN

Al ver ella que él había dejado el manto en sus manos y había salido corriendo, llamó a los siervos de la casa y les dijo: "¡Miren!, el hebreo que nos trajo mi esposo sólo ha venido a burlarse de nosotros. Entró a la casa con la intención de acostarse conmigo, pero yo grité con todas mis fuerzas. En cuanto me oyó gritar, salió corriendo y dejó su manto a mi lado". La mujer guardó el manto de José hasta que su marido volvió a su casa. Entonces le contó la misma historia: "El esclavo hebreo que nos trajiste quiso aprovecharse de mí. Pero en cuanto grité con todas mis fuerzas, salió corriendo y dejó su manto a mi lado". Cuando el patrón de José escuchó de labios de su mujer cómo la había tratado el esclavo, se enfureció y mandó que echaran a José en la cárcel donde estaban los presos del rey.

—Génesis 39:13-20

Por si fuera poco el hecho de que sus hermanos lo odiaran, lo abandonaran en un pozo y finalmente lo vendieran, cuando parecía que las cosas se iban arreglando —ya que Dios lo estaba acompañando y haciendo prosperar la obra de sus manos—, la mujer de su jefe se enamora y lo hostiga hasta que al fin decide acusarlo falsamente de un abuso físico debido a que José se mantuvo fiel a Dios y a su amo.

Al considerar este escenario he pensado: ¿cómo fue que José no se resintió con Dios? Sin embargo, él mismo le decía a su ama: "No puedo pecar contra Dios al aceptar sus insinuaciones lujuriosas". Al ver esta escena desde una perspectiva netamente humana se podría afirmar que, en vez de aprovechar la oportunidad para obtener deleite sexual, placer y otros goces carnales, este hombre decide honrar a Dios, mantenerse íntegro y puro para tener como consecuencia el ser llevado de la esclavitud a la cárcel, definitivamente algo muy "injusto".

Nuevamente vemos ausencia de momentos de resentimiento, depresión o rencor. De alguna manera este hombre tuvo la capacidad de "volver a empezar" en su nuevo hogar, si así pudiéramos llamar a la cárcel.

EL OLVIDO

José le respondió: Esta es la interpretación de su sueño: Las tres canastas son tres días. Dentro de los próximos tres días, el faraón mandará que a usted lo decapiten y lo cuelguen de un árbol, y las aves devorarán su cuerpo. En efecto, tres días después el faraón celebró su cumpleaños y ofreció una gran fiesta para todos sus funcionarios. En presencia de estos, mandó sacar de la cárcel al jefe de los coperos y al jefe de los panaderos. Al jefe de los coperos lo restituyó en su cargo para que, una vez más, pusiera la copa en manos del faraón. Pero, tal como lo había predicho José, al jefe de los panaderos mandó que lo ahorcaran. Sin embargo, el jefe de los coperos no se acordó de José, sino que se olvidó de él por completo.

—Génesis 40:18-23

Para terminar este proceso por el que Dios llevó a José, faltaba una última prueba: sentirse usado para después ser olvidado. La situación esta vez sería con el copero del rey, que tras ser restablecido en el cargo —tal como José lo interpretó en el sueño—, olvidó al hombre que fue portador de buenas noticias para él en medio de una gran crisis.

En resumen, quisiera plantear la pregunta: ¿cómo nos comportaríamos si se nos presentaran injusticias constantes, si fuéramos odiados, si experimentáramos la traición, el abandono, la falsa acusación, la deslealtad y el olvido? ¿Cómo estaría nuestro corazón ante Dios si elegimos honrarlo y lo que vemos como retribución es un desenlace nefasto? Pero hay otra cuestión que debemos plantearnos: ¿Tendremos la capacidad de volver a levantarnos tras ser derrumbados una y otra vez en tanto elegimos adorar a Dios con nuestro comportamiento?

Creo que en medio de toda esa hecatombe, algo nos da luz sobre la fuente de la fuerza que José tuvo para vencer tanta dificultad.

Pero aun en la cárcel el Señor estaba con él y no dejó de mostrarle su amor. Hizo que se ganara la confianza del guardia de la cárcel.

—Génesis 39:20b-21

El Espíritu nos da testimonio de la razón por la que este hombre se pudo levantar una y otra vez. En medio de una historia tenebrosa, aciaga, que iba de mal en peor, se hace una acotación muy importante, se repiten dos cosas que fueron constantes en la vida de José, la Palabra nos dice que Dios estaba con él y que no dejó de mostrarle su amor.

Debo afirmar que la única forma en que alguien puede llegar a ser una persona de resiliencia es cuando no se permite dudar de la bondad de Dios a pesar de las injusticias, las pruebas y las adversidades que enfrente.

He aprendido que una de las principales mentiras que el enemigo quiere hacernos creer en los momentos difíciles de la vida, es que Dios no es bueno. Él desea que dudemos de su compañía y de que en medio del caos Dios permanece al control de nuestro destino y que, a pesar de todo, sus planes se cumplirán.

Después de estar casado por diez años con mi amada esposa, finalmente se cumplió la promesa de que seríamos papás. No te imaginas la celebración y la alegría que experimentamos. Recibimos mensajes de una gran cantidad de personas de diversos países que habíamos visitado pidiendo oración por nuestro milagro.

Mucha gente nos decía: "He orado por ustedes y por su descendencia" hasta que, al fin, Dios lo hizo. Un domingo el pastor lo anunció ante la iglesia y literalmente la congregación se puso en pie para celebrar y dar gracias a Dios. Sin embargo, la historia daría un giro dramático pocas semanas después cuando, una noche, los dolores muy fuertes en el vientre de mi esposa aumentaron y terminamos en la sala de emergencias. El resultado fue totalmente devastador. Tuvimos que escuchar al médico decir: "Lo siento, no hay nada en su vientre, han perdido a su bebé".

Hasta el día de hoy no puedo explicar el motivo de las primeras palabras que salieron de mi boca mientras abrazaba y lloraba con mi esposa. Al ver la máquina con la que hicieron el sonograma le dije a Dios: "Tú sigues siendo bueno, continúas siendo mi Dios, no entiendo por qué pasó esto, no comprendo por qué nos pasó a nosotros, pero tú sigues siendo un Padre bueno".

Algo que aprendí es que nuestra respuesta ante la pérdida, el fracaso, la traición va a determinar la duración de los procesos. Al regresar a casa oramos y lloramos mucho, tanto que nos quedamos dormidos abrazados. Horas más tarde nuestra familia y los pastores nos acompañaron en ese difícil proceso.

Fue en ese tiempo cuando mi esposa me enseñó una gran lección. Dos o tres días después de la pérdida, habíamos planeado con antelación un asado en la playa con mi familia para celebrar el día de las madres. Entonces recibí una llamada de uno de mis hermanos diciéndome: "Creo que vamos a cancelar los planes. Pensamos que no va a ser bueno para ustedes y menos para Maribel. Es contradictorio ir a celebrar a las madres cuando ella acaba de perder su bebé". Entonces le dije que me dejara hablar con ella.

Al conversar con mi esposa recuerdo claramente su respuesta, ella me dijo: "Hoy, al hablar con Dios, entendí que tengo dos caminos por los cuales transitar en esta prueba: O me amargo y me deprimo victimizándome o me levanto y continúo caminado con el Padre acompañándome en mi pérdida". Han pasado trece años desde ese suceso y aún no tenemos respuesta de por qué ocurrió, solo sabemos que el Padre nos acompañó, nos sanó y nos restauró. Obviamente tuvimos que vivir un proceso de duelo para superar una situación tan dolorosa como esa.

Algo que deseo enfatizar es que en los momentos de dificultad necesitas ser muy sabio para entender a quién les prestas tus oídos. Ante la pérdida de nuestro bebé, se acercaban algunos conocidos a decirnos: "Entendemos que estas cosas les pasen a otras personas pero, ¿a gente como ustedes que le han dado todo a Dios?". Seguramente sus intenciones eras buenas, pero sus palabras eran muy necias. Si hubiésemos escuchado ese tipo de comentarios, quizás hasta habríamos decidido dejar de servir a Dios.

La vida de un líder está marcada por muchas situaciones difíciles. Quisiera decir que no será así, que todo estará bien, que no vas a perjudicar a personas en tanto Dios te forma, que no te van a traicionar, criticar ni olvidar, pero mentiría. Si lo pudiera decir de manera práctica, creo que esa es la universidad del liderazgo verdadero.

He enfrentado muchos momentos en los que he dicho: "Esto no me lo enseñaron en la universidad, en las clases de teología, en seminarios, en conferencias o en los libros que he leído". No me prepararon ni enseñaron en cuanto a cómo tratar con la traición de tu mejor amigo. No me entrenaron para dejar ir a gente amada a encontrar su propio destino. Nadie me enseñó cómo despedir a esa persona que pensabas que iba a estar por siempre en tu organización. Ese es el caminar del líder. Esos son los exámenes y las pruebas que tenemos que presentar para graduarnos.

Quiero hablar de manera especial a aquellos que leen este libro y que están en el ministerio. Hace algún tiempo, una persona me dijo: "Ejercitar el llamado al ministerio es el mejor trabajo que existe en el mundo, lo único malo es la gente con la que nos toca trabajar".

Es obvio que era un comentario sarcástico y pudiéramos decir si acaso existe, de humor negro. La realidad tras el comentario es que deseo inspirarte a cuidar tu corazón. Recuerda: Dios nos manda cuidar nuestro corazón, no el de los demás.

Sobre todas las cosas cuida tu corazón, porque este determina el rumbo de tu vida.

—Proverbios 4:23 NTV

¿A qué me refiero con todo esto? Entiende que muchas de las personas que te rodean serán desagradecidas, sacarán el mejor provecho de ti, de tus enseñanzas, de tu generosidad, de tu compasión y un día se irán sin decir ni siquiera adiós.

Serás su pastor en los momentos de dolor, en la muerte de un familiar, en la enfermedad pero si en tu prédica hay algo que nos les parezca adecuado ya no seguirán contigo. Por favor, recuerda, la misma gente que el domingo le gritaba a Jesús: "Hosana", el siguiente fin de semana clamaban: "Crucifíquenle".

Hoy, muchas personas que asisten a la iglesia que diriges, aman, siguen y hasta ofrendan a los pastores de las redes sociales o de Youtube. Ellos son sus predicadores preferidos, a pesar de que eres tú el que estás con ellos en medio del dolor y la pérdida. Eres tú el que conoce sus nombres, los de sus hijos y sus familiares. Sin embargo, su devoción es a otros ministros. Hazte un favor, no te enamores de la iglesia, encárgate de que ella se enamore de Jesús, esa es nuestra función.

La madre de un pastor amigo le dio un sabio consejo cuando se iniciaba en el ministerio: "Hijo, recuerde que usted es como el conductor de un bus, que ve cuando la gente se sube, los lleva a su destino, pero no ve cuando se bajan por la puerta de atrás. Hijo", dijo la madre, "solo llévelos a su destino, llévelos a Jesús".

Hay muchos ministros atrapados en el pasado, en la traición, la pérdida, la infidelidad, la deslealtad. No han podido superar esos momentos. Hoy te invito a mirar una vez más a Jesús. Recuerda: él vivió todo eso, sin embargo tuvo la resiliencia para volver a levantarse y continuar. Debes saber que tienes la posibilidad de desarrollar esa misma capacidad. El Espíritu de Dios está en ti, así que perdona, olvida, no aceptes comentarios del pasado, pasa la página. No le des autoridad al pasado sobre tu vida. No les cuentes tus decisiones ni tus sueños a gente que ya no es parte de ti; bendícelos y déjalos a merced del destino que Dios tiene para ellos.

Pido a Dios que seas afirmado en el amor y el cuidado del Padre celestial, aunque te encuentres en medio de la tormenta más grande de tu vida. Recuerda, Dios conoce el final y sabe en qué necesitas ser formado y hasta dónde tienes la capacidad de resistir para ser como una palmera en medio de un huracán. Aunque el viento arrecie y las mueva de un lado a otro no se romperán, porque son diseñadas por Dios para resistir los embates cualquier tempestad.

UN CONSEJO PRÁCTICO

Con el paso de los años he aprendido la importancia de buscar sanidad, visitar consejeros y personas que me ayuden a comprender el impacto de las situaciones que he vivido. Lo que trato de expresar es que cada situación dolorosa, no diligenciada correctamente, dejará una marca permanente. Pero no solo eso, sobre todo deja mentiras en nuestra mente que se convierten en una cuenta de cobro permanente para las nuevas personas que Dios traerá a nuestras vidas.

No soy consejero, psicólogo ni psiquiatra, solo quiero compartir lo que interpreto que sucede cuando experimentamos momentos de dolor, algo que llamo traumas.

Cuando vives un trauma, sea por traición, rechazo, herida, abuso, abandono u ofensa, tu alma se hace vulnerable a las mentiras que el enemigo viene a implantar como "verdades". Ante esas mentiras, tú tomas decisiones, es decir haces votos internos o realizas juicios en relación a otras personas con un corazón herido. Esos votos o juicios gobiernan tu vida ya que son mecanismos de defensa que evitan volver a vivir o experimentar el dolor. Las mentiras que el enemigo te dice se convierten en tu realidad, hasta tanto no logres tratar correctamente lo sucedido y —sobre todo— ver que Dios estuvo contigo en ese momento.

Recuerdo que tendría, posiblemente, unos dos años cuando fui con mi papá y mi hermano mayor a un mercado. Papá se bajó del auto y me dejó al cuidado de mi hermano que estaba acompañado de su perro. En un momento, mi hermano abrió la puerta del carro y el perro salió corriendo tras él. Yo me quedé llorando hasta que llegó mi papá.

Pasaron unos treinta años y un día mi hermano me visitó y me dijo: "Necesito pedirte perdón por algo que sucedió cuando eras pequeño". Y me relató la situación que acabo de compartir. Ante aquello, mi respuesta fue tajante: "No te preocupes, todo está bien, eso no me afectó".

Tuvieron que transcurrir, por lo menos, otros cinco o seis años para entender que sí, en efecto, esa situación había marcado mi vida de una manera muy fuerte.

Al empezar un proceso de sanidad, entendí que el momento en el que me quedé solo, la mentira que creí de parte del enemigo fue la siguiente: "No vales nada, no eres importante para nadie, te dejaron solo, te abandonaron; si ellos te amaran, no te hubieran dejada acá; un perro es más importante que tú".

La respuesta que se manifestó y entendí fue un voto interno: "Voy a ser lo que sea necesario para no estar solo, para que la gente me valore". En ese proceso comprendí por qué me esforcé tanto en ser el mejor, el más popular dondequiera que iba: en el colegio, en la universidad, en el trabajo. La verdad detrás de todo eso era un niño amedrentado que gritaba: "No quiero estar solo, soy valioso". Si hubieses tenido una conversación conmigo en esos años, te habría abrumado relatándote todos mis logros académicos y profesionales. El único valor que encontraba en mí estaba en mi hacer, en demostrar que era bueno o capaz, que era beneficioso estar a mi lado porque yo tenía algo que ofrecer. ¿Qué ofrecía? Conocimiento, regalos, favores, etc.

Cuando conocí a mi Padre celestial, todo cambió. Entendí que él estuvo en medio de mi soledad, que ya no necesitada dormir con la luz encendida, que estaba bien si en algún momento estaba solo, porque la verdad era que él siempre había estado y estaría conmigo. Desde ese instante, no necesitaría comprar el amor ni la compañía de otras personas. Me rodearía de individuos que me amaran por lo que soy, no por lo que hiciera por ellos ni por lo que pudiera darles.

Deseo pedirte que no desestimes los procesos de sanidad ni espiritualices los dolores, no todo en tu vida desaparece con declaraciones o cancelaciones en medio de la oración. Vas a requerir de la ayuda y la compañía de otras personas que estén contigo mientras intercambias las mentiras que el enemigo te hizo creer por las verdades que el Padre desea que abraces.

> Pero los justos florecerán como palmeras y se harán fuertes como los cedros del Líbano.
> —Salmos 92:12 NTV

Que Dios te haga fuerte para soportar los vientos que el destino trae a tu vida, mientras llegas al que te prometió el Padre celestial.

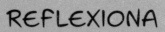

REFLEXIONA

1. ¿Puedes identificar alguna situación no resuelta con algunas personas cercanas?

_____

_____

_____

_____

_____

2. ¿Crees que sientas rencor con personas que te hicieron algún tipo de daño en el pasado?

_____

_____

_____

_____

_____

_____

3. ¿Le has dado autoridad sobre tu vida a alguna persona que ya no esté contigo?

_____

_____

_____

_____

_____

4. ¿Crees que tu capacidad de confiar esté afectada por eventos del pasado?

_____

_____

_____

_____

_____

5. ¿Qué decisiones estás tomando hoy que sabes que afectarán positivamente tu futuro?

_____

_____

_____

_____

6. Haz una lista de las cosas que descubriste en este capí-
    tulo y expresa lo que sentiste: cómo te afectaron o te
    afectan hoy. Ora y perdona a esas personas. Empieza a
    escribir un capítulo nuevo en tu vida. De ser necesario,
    busca ayuda para que sanes.

    _____

    _____

    _____

    _____

Capítulo 5

EL FAVOR DE DIOS

¿Alguna vez has escuchado decir de una persona que tiene mucha suerte o que es muy afortunada? Debo decirte que para los hijos de Dios esta debería ser una marca constante, aunque particularmente no llamo a eso suerte ni fortuna; a este tipo de cosas las llamo "favor de Dios".

José era una muestra clara de cómo favorece Dios a sus hijos. Él caminó bajo la "nube" de favor, por lo que veía claramente. Era algo que distinguía a José del resto de los mortales que lo rodeaban. Veamos qué significa vivir bajo el favor de Dios y en qué manera podemos disfrutarlo tú y yo.

¿Qué significa tener el favor de Dios?

Vayamos al diccionario. La Real Academia Española dice: "Favor: ayuda o socorro que alguien concede. Un beneficio o gracia que alguien da. Tener a alguien de su parte".

Por decirlo de otra manera, es navegar con viento a favor; es decir, contar con una ayuda que no depende de ti sino de un factor externo; en nuestro caso, el creador del universo nuestro Padre celestial.

Si alguna vez has visitado algún parque temático, seguramente has visto las grandes filas que se forman para disfrutar de las atracciones de moda. Es increíble ver cómo hay personas dispuestas a pasar horas en una fila bajo el sol —y algunas veces, bajo la lluvia— con el único propósito de disfrutar de unos pocos minutos o incluso segundos de emoción.

En esos parques usualmente ofrecen a la venta unas entradas especiales que las llaman "ticket express", aunque son mucho más costosas que las entradas normales. Pero tienen una gran ventaja, sus filas son muchísimo más cortas, lo que hace que no tengas que esperar horas en una fila sino que, en algunos casos, solo en minutos puedes abordar la atracción una y otra vez.

Cierta vez estábamos en uno de esos parques y teníamos ese tipo de tickets. Te digo la verdad, podíamos montar dos y hasta tres veces en una atracción, mientras la gente que estaba en la fila habitual no había montado ¡ni una sola vez! Para nosotros era emocionante, para ellos frustrante. En tanto nosotros avanzábamos rápidamente, ellos permanecían bajo el inclemente sol veraniego de Florida.

Con el favor de Dios sucede algo similar. Hay un impulso divino que hace que puedas avanzar, alcanzar, conquistar, obtener mucho más que la gente que te rodea. Esto sucede usualmente más rápido, más fácil y con menos esfuerzo.

Por favor, no me malinterpretes, esto no significa que no la pasaremos difícil en la vida. Solo tienes que ver todo lo que José tuvo que vivir. Sin embargo, lo que digo es que aun en medio de las circunstancias difíciles, te va a ir mejor que a los demás. Lo que significa todo esto es que Dios pone algo sobre ti que atrae la misericordia, la complacencia, la compasión, el deseo de darte, ayudarte, promoverte sin que hagas algo específico por conseguirlo.

Es importante entender que el favor de Dios está conectado con su propósito. En la vida de José vemos eso. Cada etapa de su vida marcaba una preparación para la siguiente y finalmente para un bien superior, algo mayor al propio José: la preservación de una nación entera y del pueblo de Dios.

Tener el favor de Dios es caminar bajo la nube que nos lleva donde no sabíamos, que trae provisión, seguridad y protección. Es tener su Espíritu habitando en tu casa, en el edificio de la iglesia, estando sobre ti. Es cuando la gente reconoce que Dios habita en un lugar, es cuando la gente te dice: "La presencia de Dios es evidente en tu vida".

Te comparto una historia personal. En el año 2020, al igual que sucedió con todo el planeta, Presencia Viva —la iglesia que pastoreo en la ciudad de Miami— tuvo que enfrentar los cierres ocasionados por la pandemia. Para nosotros, sin embargo, la situación fue algo diferente. Algunos meses, antes de empezar la pandemia, habíamos iniciado el proceso de construcción y remodelación de nuestro nuevo edificio. No sé si puedes dimensionar lo que te estoy hablando. En determinado momento, teníamos que pagar el alquiler de la propiedad donde nos habíamos congregado por los últimos ocho años y, de igual forma, pagar la hipoteca del nuevo edificio que acabábamos de adquirir, además de pagar todo lo pertinente al proceso de permisos, diseño, remodelación y construcción de la nueva instalación. Pero, ¡estábamos cerrados!

No te puedo decir que esa temporada haya sido grata ni que no la hayamos pasado difícil, pero te puedo contar que debido al favor de Dios no detuvimos la construcción ni un solo día. Vimos milagros. Nuestra gente se hizo presente pero, sobre todo, el favor de Dios se hizo real en todo el proceso. Pudimos concluir un proyecto de seis millones de dólares milagrosamente. ¿Cómo puedo explicar eso? Racionalmente es imposible. Mientras miles de negocios a nivel mundial quebraban, nosotros seguíamos adelante. En tanto millones de personas perdieron sus trabajos, por la misericordia de Dios ninguno de nuestros colaboradores se quedaron sin empleo ni sufrieron reducción en sus salarios. El favor de Dios estuvo con nosotros de manera tangible. En diciembre del 2020 pudimos abrir las puertas del nuevo edificio y celebrar la bondad de Dios.

Quiero dar algunos ejemplos de cómo se manifiesta el favor de Dios en la Biblia.

El favor de Dios estuvo claramente unido a sus planes y a la gente que decidió vivir para él y sus propósitos eternos.

"No pidas el favor de Dios para establecer tu agenda, pídelo para llevar a cabo la agenda del cielo".

1. Cuando Dios iba a destruir al mundo, Noé contó con el favor de Dios y lo preservó.

> Entonces dijo: "Voy a borrar de la tierra al ser humano que he creado. Y haré lo mismo con los animales, los reptiles y las aves del cielo. ¡Me arrepiento de haberlos creado!". Pero Noé contaba con el favor del Señor.
>
> —Génesis 6:7-8

No debemos preocuparnos por la situación mundial, por la economía, por la recesión, por la inflación, por un dictamen médico. Dios nos dice que si contamos con su favor, seremos preservados en medio del caos. Sin embargo, no me mal entiendas, no estoy hablando de una vida sin dificultades, estoy hablando de la Persona que te acompaña en medio de esas situaciones.

2. Dios realizó una transferencia de propiedad a su pueblo en medio de la crisis, porque contaban con su favor.

> El Señor hizo que los egipcios vieran con buenos ojos a los israelitas, así que les dieron todo lo que les pedían. De este modo los israelitas despojaron por completo a los egipcios.
>
> —Éxodo 12:36

Muchos años después de la muerte de José, vemos al pueblo de Israel esclavizado por más de cuatro siglos, pero llegó el tiempo de su liberación y con ello la restitución. Todos los años de trabajo gratis que rindieron los antepasados hebreos fueron pagados en una sola noche. Dios hizo que los egipcios vieran con buenos ojos a los hebreos que hasta la noche anterior fueron sus esclavos.

3. Dios contestó la petición de Moisés porque contaba con su favor.

> Moisés le dijo al Señor: "Tú insistes en que yo debo guiar a este pueblo, pero no me has dicho a quién enviarás conmigo. También me has dicho que soy tu amigo y que cuento con tu favor".
>
> —Éxodo 33:12

> "Está bien, haré lo que me pides", le dijo el Señor a Moisés, "pues cuentas con mi favor y te conozco por nombre".
>
> —Éxodo 33:17

Cuando entiendes que cuentas con el favor de Dios, puedes pedir cosas que parecen inauditas, arriesgadas, únicas. Y lo haces consciente de que nuestro buen Padre contestará nuestros anhelos. Recuerda, Dios no es el genio de la película Aladin ni es un papá alcahueta, él sabe lo que necesitamos y cuándo lo necesitamos.

4. El favor de Dios hace que seas sano, próspero y que crezca lo que emprendes.

"Yo les mostraré mi favor. Yo los haré fecundos. Los multiplicaré, y mantendré mi pacto con ustedes".

—Levítico 26:9

De alguna manera, este versículo resume la vida de José pero, sobre todo, debería describir la tuya también. Recuerda que cada promesa hecha al pueblo de Israel también es para nosotros en Cristo Jesús.

Veamos un recuento de esta marca durante todos los años de José.

1. Jacob, su padre lo identificó.

Jacob amaba a José más que a sus otros hijos porque le había nacido en su vejez. Por eso, un día, Jacob mandó a hacer un regalo especial para José: una hermosa túnica.

—Génesis 37:3 NTV

La túnica no era solo un regalo bonito de un padre a un hijo, creo que Jacob estaba marcando un destino para su hijo. Los historiadores piensan que la vestimenta de los pastores era diferente a esa túnica. Es posible que fueran hechas de lino en un color claro y con mangas cortas para tener facilidad al realizar el trabajo. Era evidente que, a simple vista, la vestidura de José marcaba una clara diferencia entre sus hermanos y él.

Los vestidos de la época variaban según la clase social, por lo que es probable que el atuendo de José lo distinguiera en una posición diferente a las de sus hermanos, en parte porque esa túnica fue una de las causas del odio y la envidia que ellos le profesaron.

Lo que es claro es que en el mundo natural se estaba mostrando el futuro real al cual estaba destinado José, aunque creo que su propio padre no dimensionaba lo que hacía, ya que se molestó al escuchar los sueños de José en los cuales él mismo se postraría ante su hijo. Debo comentar algo a cada padre que lee este libro: tú marcas destino. Así que diles a tus hijos que llegarán lejos. Afírmalos. Habla bien de ellos. No los humilles ni en público ni en privado. Diles que estás orgulloso de ellos. Eso les dará un impulso especial a sus vidas.

Hace poco conversaba con un joven que considero brillante, muy talentoso e inteligente. Cuando le pregunté qué tan perspicaz creía que él era, me dijo que en la escala de 1 a 10 estaba en 6.5. No podía creer lo que ese muchacho me respondió. Al profundizar un poco más en la conversación llegamos a la raíz del asunto. Sus padres siempre se enfocaron en destacar sus defectos, lo que le faltaba, lo que no estaba bien; por lo que nunca celebraron sus logros ni algo que hiciera bien. Como resultado, a pesar de ser un chico brillante, de haber alcanzado buenos logros a nivel profesional, la opinión que tiene de sí mismo es absolutamente incorrecta. El día en que sostuvimos esa conversación, empecé a afirmarlo. Creo que en ese momento empezó un proceso de cambió y un caminar a un nuevo destino en la vida de ese joven.

"Los hijos que le nacen a un hombre joven son como flechas en manos de un guerrero".
—Salmos 127:4 NTV

Padres, por favor, recuerden que ustedes determinarán cuán lejos llegarán sus hijos. Ellos son flechas que alcanzarán el destino que ustedes determinen. Sus palabras y sus acciones marcarán, en gran manera, ese futuro.

2. Potifar lo notó

> El Señor estaba con José, por eso tenía éxito en todo mientras servía en la casa de su amo egipcio. Potifar lo notó y se dio cuenta de que el Señor estaba con José, y le daba éxito en todo lo que hacía. Eso agradó a Potifar, quien pronto nombró a José su asistente personal. Lo puso a cargo de toda su casa y de todas sus posesiones. Desde el día en que José quedó encargado de la casa y de las propiedades de su amo, el Señor comenzó a bendecir la casa de Potifar por causa de José. Todos los asuntos de la casa marchaban bien, y las cosechas y los animales prosperaron. Pues Potifar le dio a José total y completa responsabilidad administrativa sobre todas sus posesiones. Con José a cargo, Potifar no se preocupaba por nada, ¡excepto qué iba a comer! José era un joven muy apuesto y bien fornido.
>
> —Génesis 39:2-6 NTV

Al estar en la casa de Potifar, una vez más vemos que la marca que había sobre José era evidente. Es impactante ver cómo inicia el versículo dos, es lo que necesitamos entender para nuestra vidas: El Señor estaba con José por eso tenía éxito en todo…

En el transcurrir de mi vida he visto que es importante estudiar, que vale la pena esforzarse y que todo lo que yo haga puede aportar en algo a la obtención de resultados; sin embargo, cuando alguien cuenta con el favor de Dios todas las cosas que hace se distinguen, mejoran y se aceleran.

El versículo cuatro dice que eso le agradó a Potifar y ¿cómo no?, ¿a qué jefe no le va a gustar tener un empleado que le hace producir más dinero, que mejora los procesos y que gasta menos? ¡A cualquiera!

¿Recuerdas que estuvimos hablando sobre la integridad en la vida de José? Quiero que veas la conexión que existe entre esta y el favor de Dios.

> "Los necios hacen mofa de sus propias faltas, pero los íntegros cuentan con el favor de Dios".
> —Proverbios 14:9

Ahora encontramos una de las posibles causas por las cuales el favor de Dios estaba sobre José. La Palabra dice que las personas que son íntegras cuentan con él. Es importante aclarar esto, ya que si no lo explico pareciera que Dios escogiera a unos y a otros no, o —por decirlo de una manera diferente— tuviera favoritos.

El punto fundamental es que José estuvo desde siempre tratando de llevar una vida sin tacha. ¿Recuerdas la preocupación que tenía por la mala fama de sus hermanos? Ahora sabemos que le costó que lo vendieran como esclavo, pero eso lo calificó para contar con el favor de Dios a tal punto que fue promovido y puesto a cargo de toda la casa de su amo, hasta la siguiente prueba.

3. El jefe de la cárcel lo notó

> Pero el Señor estaba con José en la cárcel y le mostró su fiel amor. El Señor hizo que José fuera el preferido del encargado de la cárcel. Poco después el director puso a José a cargo de los demás presos y de todo lo que ocurría en la cárcel. El encargado no tenía de

qué preocuparse, porque José se ocupaba de todo. El Señor estaba con él y lo prosperaba en todo lo que hacía.

—Génesis 39:21-23 NTV

En esta transición hacia el destino final había una parada poco placentera que Dios tenía en la "universidad" del carácter en la que estaba inscrito José, la cárcel.

Una vez más, estos versículos nos hablan sobre el acompañamiento de Dios a José, aunque me imagino que era muy complejo para él entender esa relación con Dios. No debió ser sencillo mantener conversaciones con Dios en las que probablemente le aseguraba su amor a José, tal como lo dice el texto bíblico, pero a la vez permitía que sufriera prisión debido a falsas acusaciones. Es lo que algunas personas llaman amor "rudo".

¿Te has encontrado en medio de situaciones profundamente difíciles en las cuales, a pesar de la confusión, el dolor, la traición y el olvido, Dios te muestra su amor y su compañía? Es difícil para muchos entender eso, pero es parte de la dinámica de la relación de Dios con sus escogidos. Si revisamos la historia bíblica, podríamos recordar a Moisés en el desierto alimentado con maná, o bebiendo agua amarga del pozo de Mara. De igual manera encontraríamos a Daniel en el foso de los leones viendo a Dios cerrar la boca de aquellos felinos. Tendríamos que traer a memoria a los tres jóvenes que hablaban con un cuarto hombre con apariencia de Dios en el horno de fuego. Pablo aparecería en medio de un huracán impetuoso conversando sobre un futuro prometedor para los marineros angustiados.

En la vida de José vemos una vez más el carácter de nuestro Dios. El Señor mostró su fiel amor e hizo que José fuera el preferido del encargado de la cárcel.

No sé qué proceso puedas estar viviendo, pero te insto a que te mantengas en integridad para que puedas comprobar el fiel amor de Dios en tanto se termina está difícil temporada.

4. Faraón lo reconoció

Así que el faraón dijo a José: "Como Dios te ha revelado el significado de los sueños a ti, es obvio que no hay nadie más sabio e inteligente que tú".
—Génesis 41:39 NTV

A pesar de ser un hombre no creyente en el Dios de José, Faraón llegó a entender que las "habilidades" que ese hebreo poseía no eran de procedencia humana. Ya José le había advertido que la capacidad para interpretar los sueños y darle los planes para preservar la nación provenía de Dios.

El gobernante egipcio entendió que había una estrecha relación entre la manera en la que José "trabajaba" y el Dios en el que él creía. En este versículo lo deja claramente establecido: "Como Dios te ha revelado el significado de los sueños a ti, es obvio que no hay nadie más sabio e inteligente que tú".

Es hermoso cuando las personas que nos rodean pueden ver que tiene que ser Dios el que nos da las capacidades para sobresalir. Por tanto, debemos tener un equilibrio saludable entre amor propio (con una justa medida) y la honra a nuestro Dios. Me gusta mucho ver lo equilibrado que se comportó el apóstol Pedro ante el primer milagro que Dios hiciera por medio de su mano después de que Jesús ascendió al cielo.

La Biblia relata que Pedro y Juan iban rumbo al templo a orar, cuando se encontraron con un hombre paralítico. El libro de los Hechos cuenta la historia así:

Cierta tarde, Pedro y Juan fueron al templo para participar en el servicio de oración de las tres de la tarde. Mientras se acercaban al templo, llevaban cargando a un hombre cojo de nacimiento. Todos los días lo ponían junto a la puerta del templo, la que se llama Hermosa, para que pidiera limosna a la gente que entraba. Cuando el hombre vio que Pedro y Juan estaban por entrar, les pidió dinero. Pedro y Juan lo miraron fijamente, y Pedro le dijo: "¡Míranos!". El hombre lisiado los miró ansiosamente, esperando recibir un poco de dinero, pero Pedro le dijo: "Yo no tengo plata ni oro para ti, pero te daré lo que tengo. En el nombre de Jesucristo de Nazaret, ¡levántate y camina!". Entonces Pedro tomó al hombre lisiado de la mano derecha y lo ayudó a levantarse. Y, mientras lo hacía, al instante los pies y los tobillos del hombre fueron sanados y fortalecidos. ¡Se levantó de un salto, se puso de pie y comenzó a caminar! Luego entró en el templo con ellos caminando, saltando y alabando a Dios.

—Hechos 3:1-8 NTV

Deseo resaltar un solo aspecto de este asombroso milagro realizado por medio de la mano del apóstol Pedro, lo vemos en el versículo cuatro:

"Pedro y Juan lo miraron fijamente, y Pedro le dijo: ¡Míranos!".

—Hechos 3:4 NTV

Sí, lo leíste bien, Pedro le dijo: "Pon tus ojos en nosotros, míranos. Hay algo en nuestro interior que deseamos darte. Hemos estado con alguien que tiene el poder para interrumpir tu parálisis, tu dolor, tu miseria en forma instantánea, pero debes mirarnos".

Por favor, dame unos segundos más antes de molestarte por lo que escribo. Lo que deseo plantearte es que las personas necesitan ser inspiradas por otros seres humanos de carne y hueso que les impulsen a creer, a intentar, a soñar. Pedro, consciente de lo que tenía dentro de sí, no dudo en hablarle al hombre. Por decirlo de alguna manera, el apóstol entendía que él no era otra persona más, era un hombre lleno del Espíritu Santo con una encomienda del cielo para realizar las obras que Jesús le había instruido que hiciera.

El equilibrio del que hablo se muestra unos versículos más adelante:

"Toda la gente lo vio caminar y lo oyó adorar a Dios. Cuando se dieron cuenta de que él era el mendigo cojo que muchas veces habían visto junto a la puerta Hermosa, ¡quedaron totalmente sorprendidos! Llenos de asombro, salieron todos corriendo hacia el pórtico de Salomón, donde estaba el hombre sujetando fuertemente a Pedro y a Juan. Pedro vio esto como una oportunidad y se dirigió a la multitud: 'Pueblo de Israel —dijo—, ¿qué hay de sorprendente en esto? ¿Y por qué nos quedan viendo como si hubiéramos hecho caminar a este hombre con nuestro propio poder o nuestra propia rectitud? Pues es el Dios de Abraham, de Isaac y de Jacob —el Dios de todos nuestros antepasados— quien dio gloria a su siervo Jesús al hacer este milagro. Es el mismo Jesús a quien ustedes rechazaron y entregaron a Pilato, a pesar de que Pilato había decidido ponerlo en libertad. Ustedes rechazaron a ese santo y justo y, en su lugar, exigieron que soltaran a un asesino.

Ustedes mataron al autor de la vida, pero Dios lo
levantó de los muertos. ¡Y nosotros somos testigos
de ese hecho! Por la fe en el nombre de Jesús, este
hombre fue sanado, y ustedes saben que él antes
era un inválido. La fe en el nombre de Jesús lo ha
sanado delante de sus propios ojos'".

—Hechos 3:9-16 NTV

Cuando las multitudes pusieron los ojos en Pedro y en
Juan, el apóstol dirigió la atención a lo que debía decir:

Pedro vio esto como una oportunidad y se dirigió a
la multitud: "Pueblo de Israel —dijo—, ¿qué hay de
sorprendente en esto? ¿Y por qué nos quedan viendo
como si hubiéramos hecho caminar a este hombre
con nuestro propio poder o nuestra propia rectitud?
Pues es el Dios de Abraham, de Isaac y de Jacob —el
Dios de todos nuestros antepasados— quien dio
gloria a su siervo Jesús al hacer este milagro. Es el
mismo Jesús a quien ustedes rechazaron y entregaron a Pilato, a pesar de que Pilato había decidido
ponerlo en libertad".

—Hechos 3:12-13 NTV

Espero que ahora veas el equilibrio. Pedro enseña que la
gente va a fijar sus ojos en nosotros y que cuando se mara-
villen por las obras que realicen nuestras manos, debemos
llevarlos a Jesús, el único digno de honra y gloria por lo
que hace por medio nuestro.

Te ruego que no te embriagues con el favor de Dios sobre
tu vida, recuerda que es por la gracia y la misericordia de
Dios que podemos hacer las cosas poderosas que otros no

pueden, ya que Dios no los mira con agrado ni les muestra su fiel amor.

5. El propio José lo pudo anunciar a sus hermanos

> Díganle a mi padre acerca de la posición de honor
> que tengo aquí en Egipto. Descríbanle todo lo que
> han visto y, después, traigan a mi padre aquí lo más
> pronto posible.
>
> —Génesis 45:13 NTV

Llegando casi al final de este capítulo se hace necesario resaltar otra virtud de José. Él estaba consciente de que el favor de Dios en su vida no era para su propio beneficio, sino que Dios lo había señalado para ser una bendición para su familia.

En este versículo vemos el sentido de urgencia de José: "Cuéntenle a mi papá todo lo que Dios ha hecho conmigo pero, sobre todo, tráiganlo rápido. Él necesita, junto a ustedes, disfrutar de lo que Dios me ha dado". Muchas personas no comprenden esto, lo que Dios les da no es para ustedes solamente, hay un fin superior, que puedan disfrutarlo con sus seres queridos.

Hace algunos años alguien me pidió que fuera a orar por un millonario que estaba en una fase terminal de una enfermedad muy agresiva. Cuando oramos por él, la habitación se llenó de la presencia de Dios. Era evidente que algo había sucedido. En tanto que el hombre y su familia lloraban por lo que experimentaban, salí de la habitación con su hijo. Este me dijo unas palabras que hasta hoy me acompañan: "Pastor, yo daría todo lo que tengo por tener lo que usted tiene". A continuación volvió a decirme: "Somos una familia tan dividida que no sé si me puede creer que la primera vez que usamos el avión de mi papá para volar juntos, como familia, fue ahora que tuvimos que traerlo a Estados Unidos, puesto que se está muriendo. Nunca hemos disfrutado de los botes ni de los bienes que mi papá adquirió".

Amigo lector, he llegado a una conclusión muy sencilla: no hay entierros con mudanza. No nos llevamos nada, al menos nada material, recuerda lo que Salomón nos enseña:

> "También es algo bueno recibir riquezas de parte de Dios y la buena salud para disfrutarlas. Disfrutar del trabajo y aceptar lo que depara la vida son verdaderos regalos de Dios".
>
> —Eclesiastés 5:19 NTV

Te invito a recordar a la gente que ha estado contigo, en los tiempos difíciles; observa hasta dónde te ha traído Dios y lo que te ha dado. Tus padres, tus familiares, tus pastores son personas dignas de agradecimiento y de ser beneficiados con las bendiciones que Dios te ha dado.

6. Al final de sus días Jacob nuevamente declara esta gracia especial de Dios sobre José.

> José es la cría de un burro salvaje, la cría de un burro salvaje junto a un manantial, uno de los burros salvajes sobre la cresta de la tierra. Los arqueros lo atacaron ferozmente; le dispararon y lo hostigaron. Pero su arco permaneció tenso, y sus brazos fueron fortalecidos por las manos del Poderoso de Jacob, por el Pastor, la Roca de Israel. Que el Dios de tu padre te ayude; que el Todopoderoso te bendiga con

bendiciones de los cielos de arriba, y con bendiciones de las aguas profundas de abajo, y con bendiciones de los pechos y del vientre. Que mis bendiciones paternas sobre ti superen las bendiciones de mis antepasados, y alcancen las alturas de los montes eternos. Que estas bendiciones descansen sobre la cabeza de José, quien es príncipe entre sus hermanos.
—Génesis 49:22-26 NTV

Un día, al orar y bendecir a mi hija Marianna, le dije: "Que los jóvenes te admiren y que los ancianos te respeten". Esta debería ser nuestra meta. En la vida de José, aun su padre, al final de sus días podía reconocer que Dios había puesto algo especial sobre su hijo y por esa razón lo bendijo pidiendo y declarando que fuera más bendecido que sus antepasados. Recuerda, estamos hablando de Abraham, Isaac y Jacob.

Oro en este día que el Padre te bendiga y te guarde. Y que de la misma forma que Jacob clamó, Dios te ayude y te bendiga con las bendiciones del cielo y con las bendiciones de las aguas profundas de abajo. Que el favor de Dios sea el sello que te acompañe toda tu vida.

UN CONSEJO FINAL

En muchos de los países que he visitado, Dios me ha puesto una carga especial para bendecir a aquellos cuyos padres no los han bendecido. Es impresionante ver a hombres y muje-res pasar al altar esperando que un "padre" los bendiga. Es una necesidad muy real. Hay cosas que cambian cuando tus padres te bendicen. Quiero pedirte que si cuentas con la bendición de tenerlos aún, hables con tus padres y les pidas que te bendigan y declaren lo que Dios ponga en sus corazones para ti. Se que acá se presenta un problema para muchos, o bien no tienen a sus padres vivos o son personas que no creen o son incapaces de bendecirlos.

Algún tiempo atrás me reuní con un brillante padre de familia, un joven con anhelos tremendos para Dios y con una carrera profesional muy especial. Al transcurrir la conversación llegó el momento en el que me expresó su frustración por no haber podido recibir las palabras de afirmación ni la bendición que tanto le había pedido a su papá. Ese muchacho me decía: "Mi papá no cree en esto. Para él, no es necesario, es una tontería". Mientras se secaba las lágrimas me expresaba cuánto anhelaba que su papá le dijera que estaba orgulloso de él, que creía en él.

Esa herida es bastante común, es uno de los dolores más grandes que los seres humanos tienen. En mi libro *El factor papá,* hablo a profundidad de lo que considero una generación sin padres y lo que ha causado en la sociedad actual la carencia de la bendición paterna.

Mi conversación con ese joven papá finalizó cuando le expliqué que muchos de nosotros vamos a necesitar la figura de padres y madres sustitutos, personas maduras que nos amen, aconsejen, corrijan y declaren bendiciones sobre nuestra vida. Mientras hablaba, el muchacho se dio cuenta de que ya Dios le había regalado ese tipo de personas pero que lamentablemente tenía la expectativa que su papá cumpliera esa función. Sus oídos, de alguna forma, estaban sordos a esas palabras que tanto necesitaba pero que no habían venido de su papá terrenal sino de otros regalos que Dios le había dado.

Le expliqué que a las personas emocionalmente enfermas no se les puede exigir lo que un individuo sano puede dar; es decir, muchos de nuestros padres no han tenido la bendición de sentarse con alguien y sanar sus propias heridas, ellos han tratado de hacer lo mejor posible con lo poco que tenían.

Es probable que seas la persona que Dios ha señalado para empezar a escribir un nuevo capítulo en tu familia. Así que busca padres sustitutos que oren y activen la bendición y el favor de Dios sobre tu vida. De igual forma te pido que si eres de esas personas que otros ven como un papá o una mamá sustitutos, abraces esa función y cúmplela con amor, responsabilidad y conciencia.

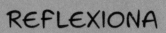

REFLEXIONA

1. ¿Cuál es tu opinión sobre el favor de Dios?

_____

_____

_____

_____

_____

2. ¿Conoces personas en las que identificas el favor de Dios, cómo lo has notado?

_____

_____

_____

_____

_____

3. ¿Crees que el favor de Dios se manifiesta en tu vida?

_____

_____

_____

_____

_____

4. ¿Hay áreas en las cuales no has visto manifestarse el favor de Dios?

_____

_____

_____

_____

5. ¿Tienes recuerdos de haber sido bendecido por tus padres?

_____

_____

_____

_____

6. Pídele a Dios su misericordia en cuanto a esas áreas y escribe lo que desearías que cambiara a tu favor.

_____

_____

_____

_____

_____

Capítulo 6

EL PERDÓN

No sé si seas como yo cuando estás viendo una película en la que hay un personaje malvado que hace sufrir al protagonista. Estoy a la espera del momento de la venganza. Ese instante en el que lo golpeen, lo metan a la cárcel o —como usualmente se dice— obtenga su merecido o se haga justicia. Tengo que reconocerlo, soy una persona con un alto nivel de justicia propia, José me ha enseñado mucho para aprender a cambiar.

Recuerdo las primeras veces que leí la vida de José y de alguna manera —aunque ya conocía el desenlace de la historia—, esperaba un final diferente. Por ejemplo, un versículo que dijera: "Entonces José se vengó de todos los que le habían causado daño y les hizo pagar por todos los años de dolor". Pero nunca lo encontré. Le doy gracias a Dios por eso.

Si la historia la hubiera diseñado otra persona o yo, tendría escenas del momento en el que José ordenara llamar a los hermanos que lo vendieron para hacerles pagar su injusticia. Estaría esperando, de manera especial, el instante del reencuentro de José con la mujer de Potifar y qué decir de lo que sucedería con el copero que se olvidó de José padeciendo cárcel por dos años.

José es una clara figura de Jesús en el Antiguo Testamento. El odio de sus hermanos, el ser vendido, el ser acusado injustamente, el olvido pero —sobre todo— tener que sufrir por el bienestar futuro de un pueblo son claras evidencias del paralelo que existe. Por esa razón podemos ver que así como Jesús oró al Padre: "Padre, perdónalos, porque no saben lo que hacen" (Lucas 23:34a LBLA), José —en su momento— también llegó a uno de los instantes más impactantes de su vida, por lo menos desde mi punto de vista.

En la soberanía "graciosa" de Dios, llega un momento en la vida de José en el que su sueño se hace realidad y ahora tiene que ver a sus hermanos postrados ante él rogando su favor y su misericordia. Ese instante describe uno de los versículos más hermosos de esta historia:

> Al reflexionar sobre la muerte de su padre, los hermanos de José concluyeron: "Tal vez José nos guarde rencor, y ahora quiera vengarse de todo el mal que le hicimos". Por eso le mandaron a decir: "Antes de morir tu padre, dejó estas instrucciones: 'Díganle a José que perdone, por favor, la terrible maldad que sus hermanos cometieron contra él'. Así que, por favor, perdona la maldad de los siervos del Dios de tu padre". Cuando José escuchó estas palabras, se echó a llorar.
>
> Luego sus hermanos se presentaron ante José, se inclinaron delante de él y le dijeron: "Aquí nos tienes; somos tus esclavos". "No tengan miedo", les contestó José. "¿Puedo acaso tomar el lugar de Dios? Es verdad que ustedes pensaron hacerme mal, pero Dios transformó ese mal en bien para lograr lo que hoy estamos viendo: salvar la vida de mucha gente. Así que, ¡no tengan miedo! Yo cuidaré de ustedes y de sus hijos". Y así, con el corazón en la mano, José los consoló.
>
> —Génesis 50:15-21

Una vez más tengo que confesar mi sentido justiciero. Me he preguntado: ¿Será que esos hombres no aprendieron? ¿Después de una vida entera de mentira y ante una segunda oportunidad por parte de Dios y del mismo José, siguen mintiendo? Es aquí donde viene el texto que me impacta: "Ustedes pensaron hacerme mal, pero Dios transformó ese mal en bien".

Como dicen en muchos países: "Me quito el sombrero delante de José, ¡qué corazón tan humilde y perdonador!". Este hombre no solo les dice que no se preocupen por ellos sino que, aun a sus hijos, los iba a cuidar él mismo, en persona. "Todos ustedes van a estar bien". ¡Qué gran ejemplo! ¡Qué capacidad para perdonar!

He pensado muchas veces, ¿qué hubiera hecho yo si Faraón me hubiese escogido para establecerme como autoridad y gobierno?

Como lo mencioné antes, seguramente una de las primeras cosas que hubiera hecho habría sido dar órdenes para mandar que trajeran delante de mí a:

1. La esposa de Potifar, por ser una mujer malvada, mentirosa, infiel, adúltera y descorazonada, capaz de enviar a la cárcel a un inocente por sentirse rechazada. Me hubiera gustado mucho ver su rostro sorprendido al encontrarse con aquel esclavo al que había tratado de arruinarle la vida vestido como el propio Faraón y con la autoridad para que con una sola orden, ella viviese una consecuencia similar o aún peor a la que había tenido José.

2. Al propio Potifar, por no creerme a pesar de todo lo que había hecho por él y su hacienda. Le habría preguntado: "¿Por qué si le había creído a su mujer no ordenó mi muerte?". Posiblemente le diría que tal vez él tendría sospechas de su esposa y, a pesar de eso, me envió a la cárcel y se olvidó de mí.

3. A cualquier esclavo que me haya maltratado mientras estuve en la casa de Potifar. Este sería el momento de pagar por lo que me habían hecho.

4. Al copero que me olvidó por dos años después que lo ayudé para recordarle cómo me prometió que le hablaría a Faraón de mí y aunque así lo hizo se olvidó de su promesa y prefirió vivir su libertad y su segunda oportunidad.

5. A cualquier preso o persona que me maltrató en la cárcel. Creo que todos saben cómo son las prisiones. Es casi seguro que allí no toda la gente trató con buenos ojos a José.

Pero sobre todo anhelaría el momento en el que tuviera al frente a mis hermanos, los verdaderos causantes de todo este drama.

Amado lector, no creas que soy tan malvado, solo que dejo volar mi imaginación y algo de mi vieja naturaleza que sale a flor de piel por las ansias de justicia propia que me carcomen.

Sin embargo, te pregunto: ¿No habrías hecho algo similar? Aunque tú y yo no lo hubiéramos hecho, te aseguro que ganas no nos habrían faltado.

El punto en cuestión o a destacar aquí es el corazón perdonador de este hombre. José no tenía una lista de deudores en su corazón, por el contrario en el versículo 19 dice:

"No tengan miedo", les contestó José. "¿Puedo acaso tomar el lugar de Dios?".

—Génesis 50:19

Es impresionante observar cómo este hombre pudo llegar a tener tanto conocimiento de Dios, al punto que sabía que aun en medio de la "injusticia" humana, Dios estaba actuando y llevando a cabo su voluntad. José entendía cómo se escribiría muchos años después en la Biblia que la venganza era de Dios y no suya.

Conocí a un hombre que fue testaferro del cartel de Medellín por muchos años. Una de esas personas que manejaban, escondían, transportaban y lavaban dinero del ilícito negocio de las drogas. Fue a la cárcel, curiosamente, no porque lo atraparan las autoridades sino porque alguien en la propia organización delictiva lo delató para obtener beneficios y reducción de condena.

Cierto día, conversando sobre los largos quince años que pasó en prisión, me dijo: "Mi mayor motivación para salir de la cárcel era tener la oportunidad de ir a vengarme de los que me habían metido a la cárcel". Me describió cómo pasaba las horas planeando cada detalle de su plan con un único propósito: que sus enemigos sufrieran como él tuvo que sufrir. Doy gracias a Dios que al salir de la cárcel, ese hombre, a quién encontró fue a Jesús. Cristo empezó un proceso de transformación gigantesco dentro de su corazón para que tras muchos años, horas de consejería y oración, pudiera llegar a perdonar y tener un corazón limpio delante de Dios.

El tema del perdón es uno de los aspectos vitales en la vida de toda persona emocionalmente saludable, sin embargo es uno de los más incomprendidos y menos practicados por muchos creyentes.

El asunto es el siguiente, usualmente el ofendido, aquella persona a la que se le causó daño —que sufrió la ofensa, la que fue maltratada—, deja su vida en pausa esperando que el ofensor regrese a reconocer su falta y le pida perdón. Por lo general, esas personas argumentan que es el otro el que debe buscarle si quiere arreglar las cosas. Seguramente has conocido a alguien que te ha dicho eso o quizás tú mismo pienses igual.

Déjame explicarte, el ofendido tiene la equivocación de pensar que es el ofensor el beneficiario del perdón, por eso muchas veces dice: "Esta persona no merece mi perdón". El punto de la equivocación es que el verdadero beneficiario del perdón no es el ofensor sino el ofendido.

Muchas veces les pregunto a las personas en condición de falta de perdón: ¿Por qué razón Dios nos perdona? La primera respuesta que generalmente escucho es porque nos ama; otros dicen: "Porque soy su hijo" o algo similar. Sin embargo en la Biblia, Dios nos dice:

> "Yo soy el que por amor a mí mismo borra tus transgresiones y no se acuerda más de tus pecados".
> —Isaías 43:25

Sí, lo estás leyendo bien, eso lo dice tu Biblia. Dios, en su sabiduría, nos enseña que nos perdona por amor a sí mismo. Sin embargo, la gente entiende —por lo general— que Dios nos perdona porque nos ama, pero la Biblia no dice eso.

El principio entonces es el siguiente: Dios se ama primeramente a sí mismo y ama tanto su ser, su santidad, sus atributos, que no está dispuesto a perderlos permitiéndose resentimiento, rencor y falta de perdón contra alguien. En esencia, él permanece asignando perdón constantemente a todos nosotros los ofensores, porque se ama a sí mismo, no porque nos ame a nosotros. Permíteme explicarlo un poco mejor. Dios no puede albergar rencor ni resentimiento dentro de sí porque perdería su santidad, dejaría de ser perfecto y de ser amor como lo es.

El gran descubrimiento que debió hacer José fue que a él no le convenía albergar falta de perdón en su corazón contra todos sus ofensores. Se habría perjudicado a sí mismo en tanto las otras personas seguían su vida normal. Y esa es la lección para ti y para mí, somos los beneficiarios del perdón que otorgamos a nuestros ofensores.

Algún día escuché que no perdonar es como cuando una persona se toma un veneno para matar a su agresor. Los perjudicados por la falta de perdón seremos nosotros mismos ya que arruinamos nuestro sueño, nuestra esperanza y nuestra vida misma.

He conocido personas que han mantenido resentimiento y odio en sus corazones por otras que han muerto muchos años atrás. En otros casos muchos individuos mantienen ataduras en el alma con antiguas parejas, jefes, pastores, amigos, etc., que han seguido con su vida y ni se acuerdan de lo sucedido, mientras ellos se han quedado estancados en el dolor y no se han permitido vivir y observar el futuro con esperanza. Creo que podría expresarse de la siguiente manera: los ofendidos continúan dándoles autoridad e influencia en su vida a las personas que ya ni siquiera están cerca de ellos.

Aprovecho la ocasión para decirte algo aún más sencillo: no pongas una coma en tu vida donde tiene que existir un punto final.

Mi invitación es a que puedas liberar a la gente que te hizo daño ya que en el proceso la verdadera libertad es para ti: libre para amar de nuevo, libre para confiar, libre para tener nuevos amigos, una nueva iglesia, libre para tener una nueva vida.

Algunos historiadores relatan que en ciertas culturas antiguas uno de los castigos a los que sometían a quienes cometían un asesinato era amarrar a su espalda el cuerpo de la víctima, de tal forma que primeramente tenía que cargar con el peso del muerto sobre sí y adicionalmente empezar a morir poco a poco cuando el cuerpo en descomposición empezara a dañar su carne. La idea literal era que el muerto mataba al vivo en tanto los dos permanecían unidos.

Creo que muchas personas "cargan" en sus espaldas a muchos deudores de su pasado porque no se han liberado, es decir, al no perdonar y dejar en el pasado la ofensa, llevan a cuesta ese peso del que pudieran deshacerse con una simple decisión de no continuar aferrados o a la espera de algo que nunca va a ocurrir.

Pido a Dios que puedas tomar las decisiones correctas en este día para que perdones a aquellas personas que te han hecho daño y que te han mantenido atado al pasado y a situaciones dolorosas.

Termino con un pensamiento importante. Perdonar no significa que lo que las otras personas hicieron estuvo bien, tampoco implica que debes volver a ser el mejor amigo o amiga del ofensor. Perdonar significa que entiendes que por mucho tiempo les diste autoridad sobre tu vida a personas que seguramente ya no hacen parte de ella, al mantenerlas atadas con la esperanza de que se hiciera justicia a tu manera.

José, una vez más, nos da una enseñanza al nombrar a sus hijos que le nacen en Egipto, veamos.

"Durante ese tiempo, antes del primer año de hambre, les nacieron dos hijos a José y su esposa Asenat, hija de Potifera, el sacerdote de On. José llamó a su hijo mayor Manasés, porque dijo: Dios me hizo olvidar todas mis angustias y a todos los de la familia de mi padre. José llamó a su segundo hijo Efraín, porque dijo: Dios me hizo fructífero en esta tierra de mi aflicción".

—Génesis 41:50-52 NTV

Al tener en frente la oportunidad de escoger el nombre de sus hijos, José tomó una excelente decisión considerando sus bendiciones y la prosperidad que Dios le había dado a pesar del dolor, el olvido, la traición y todos los eventos sucedidos. El nombre que escogió para su hijo mayor fue: Manasés porque dijo: Dios me hizo olvidar todas mis angustias y a todos los de la familia de mi padre.

Como hemos visto, José no los olvidó ya que al verlos los reconoció y, en la primera oportunidad que tuvo, mandó traer a su padre. Creo que a lo que la Biblia se refiere, es a que José pudo olvidar todo el dolor causado por su familia. Pienso que al darle ese nombre a Manasés, José se aferró a los buenos recuerdos y desechó los malos, de tal manera que al nacer su segundo hijo pudo reconocer que solo por la mano de Dios se había hecho fructífero en la tierra que estaba supuesta a ser de aflicción.

Una vez más reitero, cada persona debe decidir si quedarse atrapado en un pasado doloroso o perdonar, olvidar y empezar a escribir el siguiente capítulo de su vida, ya que al estar en Dios sabemos que será mejor. Por favor, recuerda lo que la Biblia nos dice:

"Y sabemos que Dios hace que todas las cosas cooperen para el bien de quienes lo aman y son llamados según el propósito que él tiene para ellos".

—Romanos 8:28 NTV

No olvides nunca que si obedeces y honras a Dios, pese a lo que te rodee, estás seguro. Dios está escribiendo un nuevo tiempo para ti y esta prueba momentánea hace parte de un plan superior que él tiene para tu vida. Al meditar en esta declaración, recuerdo los momentos en los que me reúno con mi familia o mis amigos a ver los partidos de futbol.

Sobre todo recuerdo en forma especial a un sobrino que es extremadamente apasionado, que se mueve, canta, salta al ritmo del partido que esté viendo. Una de las cosas que hace a menudo, es gritarle al jugador que tiene el balón que si no ve a su compañero que está al otro extremo de la cancha para que le haga un pase.

Y la realidad es que no, el jugador que tiene la pelota, está al mismo nivel que su compañero que puede estar ubicado a 50 o 60 metros de distancia y además está cubierto por muchos oponentes. Sin embargo, mi sobrino tiene la perspectiva que le da la cámara que está grabando las jugadas y que se encuentra a diez o doce pisos sobre el nivel de la cancha.

El aprendizaje es sencillo, aunque tú y yo no veamos la salida a la situación actual, Dios se encuentra mucho más que a diez pisos de altura. Está en el cielo observando a donde te diriges al seguirlo en obediencia. Por favor, no te desesperes, confía, perdona y sigue adelante camino al destino que tu buen Padre tiene preparado para tu futuro.

"Y perdónanos nuestros pecados, así como hemos perdonado a los que pecan contra nosotros".

—Mateo 6:12 NTV

UNA HISTORIA MUY DIFÍCIL

Muchos años atrás recibí una llamada que nunca pensé que representaría tanto dolor y trauma. Una mujer de la iglesia me llamó y me dijo: "Pastor, siento que a mi mamá le sucedió algo. La estoy llamando y no me contesta. Hablé hace unas horas con mi hijo que estaba en su casa y ahora él tampoco me responde".

Como solemos hacer los pastores, traté de consolar a la dama y le aseguré que todo era parte de su imaginación, que en poco tiempo iba a poder hablar con su mamá y todo regresaría a la normalidad.

La realidad era otra, el hijo de esa mujer había ido a visitar a su abuela y a pedirle dinero para consumir drogas. Ante la respuesta negativa de la abuela, el muchacho —en un arrebato de locura— la golpeó y la empujó. La anciana falleció por lo contundente del golpe al caer al piso. Sé que no es una historia sencilla de leer, sobre todo porque la reacción del muchacho fue enterrar a su abuela en el patio de la parte posterior de la casa. Pocas horas después, un vecino se dio cuenta de lo sucedido y llamó a la policía.

No sé si puedes dimensionar el drama en esta situación, esa mujer me llamaba y me decía: "Encontraron a mi mamá muerta y tengo temor de que haya sido mi hijo el que hizo eso". Una vez más, el pastor salió a consolarla diciéndole que no era así, que algo más pudo haber sucedido.

La mujer perdió todo en un momento, a su mamá lógicamente, a su hijo que fue a la cárcel con una condena superior a cuarenta años, a sus hermanos que nunca más quisieron hablarle, a sus sobrinos que perdieron a su abuela, etc. Ese fue, sin lugar a dudas, uno de los momentos más difíciles que he tenido que vivir con un miembro de la iglesia.

Con el paso del tiempo al hablar con esa mujer, le pregunté qué iba a hacer con su hijo, ¿cómo iba a ser su relación con él de ahora en adelante? Su respuesta penetró lo más profundo de mi ser, ella me dijo: "Pastor, yo sé que mi hijo mató a mi mamá pero ¿cómo no voy a perdonarlo? Es mi hijo, no tiene a nadie, yo soy su madre".

Al escribir estas líneas tuve que detenerme para no volver a llorar. Esa mujer ha sido uno de los ejemplos más cercanos del amor de Dios por nosotros los pecadores. Fue por nuestros pecados que Jesús debió morir, fue por su sacrificio que hemos sido reconciliados con él.

Si esa mujer, tuvo la capacidad de perdonar ante un hecho tan cruel y dramático como el que acabo de relatar, creo que podemos abrir una puerta al perdón en nuestra vida.

Al cerrar este capítulo, deseo expresar mi más sincero respeto ante la o las situaciones que has vivido. No sé a qué fuiste expuesto, no sé qué daño te causaron, cómo te perjudicaron, cómo te marcaron. Lo único que sé es que puedes empezar a caminar por una nueva senda si tomas la decisión de perdonar.

Por favor, recuerda, el verdadero beneficiario del perdón no es el ofensor, es el ofendido.

REFLEXIONA

1. ¿Qué opinión tienes sobre el tema desarrollado en este capítulo?

_____

_____

_____

_____

_____

_____

2. ¿Eres una persona a la que le cuesta perdonar?

_____

_____

_____

_____

_____

3. ¿Hay alguien a quien debas perdonar en este día?

_____

_____

_____

_____

4. Si identificaste la falta de perdón en tu vida, ¿cómo crees que te ha afectado eso?

_____

_____

_____

_____

_____

5. Te invito a que ores para liberar a cada persona que has perdonado y declararte libre para disfrutar los planes que Dios tiene contigo.

_____

_____

_____

_____

_____

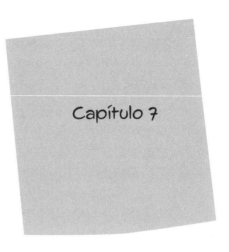

Capítulo 7

UN HOMBRE DEL ESPÍRITU

Es interesante entender que Dios nos hará atravesar por diversas circunstancias en la vida y, de alguna manera, todas encajarán a su debido tiempo para un bien superior y así llegar al destino que preparó para nosotros. Es evidente que somos seres con capacidad de tomar decisiones y que ellas tendrán consecuencias o repercusiones distintas en nuestra vida, pero —de igual forma— necesito recordar, como lo hice en el capítulo anterior, lo que el apóstol Pablo nos enseña en el libro de Romanos.

> "Y sabemos que Dios hace que todas las cosas cooperen para el bien de quienes lo aman y son llamados según el propósito que él tiene para ellos".
> —Romanos 8:28 NTV

La vida de José no fue ajena a esta poderosa realidad, cada circunstancia vivida hizo parte de una universidad celestial que preparó a este hombre para llegar a un destino superior.

Al encontrarse el gobernante de Egipto perturbado por ignorar la interpretación de unos sueños que había tenido, el copero —que había estado en la cárcel con José— evoca la precisión que el joven mostró al interpretar un sueño que el funcionario tuvo y recuerda que ahora disfrutaba el cumplimiento de lo revelado por su compañero de prisión. Es entonces que decide comentarle el asunto a Faraón. La historia nos dice que:

> "El faraón mandó llamar a José de inmediato, y enseguida lo trajeron de la cárcel. Después de afeitarse y cambiarse de ropa, José se presentó ante el

faraón. Entonces el faraón le dijo: 'Anoche tuve un sueño, y nadie aquí puede decirme lo que significa; pero me enteré de que cuando tú oyes un sueño puedes interpretarlo. No está en mis manos el poder para hacerlo —respondió José—, pero Dios puede decirle lo que su sueño significa y darle tranquilidad. Entonces el faraón le contó su sueño a José. En mi sueño —le dijo—, yo estaba de pie a la orilla del río Nilo y vi siete vacas gordas y sanas que salían del río y comenzaban a pastar entre los juncos. Luego vi siete vacas flacas y raquíticas con aspecto enfermizo que salían después de las primeras. Jamás había visto unos animales tan lamentables en toda la tierra de Egipto. Entonces esas vacas flacas y raquíticas se comieron a las siete vacas gordas, pero nadie lo hubiera creído, ¡porque después seguían siendo tan flacas y raquíticas como antes! Luego me desperté. En mi sueño también vi siete espigas llenas de grano, robustas y hermosas, que crecían de un solo tallo. Después aparecieron otras siete espigas de grano, pero estaban infestadas, resecas y marchitadas por el viento oriental. Entonces las espigas secas se tragaron a las siete robustas. Les conté esos sueños a los magos, pero ninguno pudo decirme lo que significan. José respondió: —Ambos sueños del faraón significan lo mismo. Dios le da a conocer de antemano al faraón lo que está por hacer. Las siete vacas sanas y las siete espigas robustas representan siete años de prosperidad. Las siete vacas flacas y raquíticas que salieron después, y las siete espigas resecas y marchitadas por el viento oriental representan siete años de hambre. Esto sucederá tal como lo he descrito, pues Dios ha revelado de antemano al faraón lo que está por hacer. Los próximos siete años serán un período de gran prosperidad en toda la tierra de Egipto, pero después llegarán siete años de un hambre tan intensa que hará olvidar toda esa prosperidad de Egipto. El hambre destruirá la tierra. La hambruna será tan grave que borrará hasta el recuerdo de los años buenos. El haber tenido dos sueños similares significa que esos acontecimientos fueron decretados por Dios, y él hará que ocurran pronto. Por lo tanto, el faraón debería encontrar a un hombre inteligente y sabio, y ponerlo a cargo de toda la tierra de Egipto. Después el faraón debería nombrar supervisores de la tierra, a fin de que almacenen una quinta parte de las cosechas durante los siete años buenos. Haga que ellos reúnan toda la producción de alimentos en los años buenos que vienen y la lleven a los graneros del faraón. Almacene bien el grano y vigílelo para que haya alimento en las ciudades. De esa manera, habrá suficiente para comer cuando lleguen los siete años de hambre sobre la tierra de Egipto. De lo contrario, el hambre destruirá la tierra. Las sugerencias de José fueron bien recibidas por el faraón y sus funcionarios. Entonces el faraón preguntó a sus funcionarios: «¿Acaso encontraremos a alguien como este hombre, tan claramente lleno del espíritu de Dios?'. Así que el faraón dijo a José: 'Como Dios te ha revelado el significado de los sueños a ti, es obvio que no hay nadie más sabio e inteligente que tú. Quedarás a cargo de mi palacio, y toda mi gente recibirá órdenes de ti. Solo yo, sentado en mi trono, tendré un rango superior al tuyo'".

—Génesis 41:14-40 NTV

Desde el inicio de este libro mencioné cómo me impactó la pregunta que Faraón hizo al escuchar a José:

"Las sugerencias de José fueron bien recibidas por el faraón y sus funcionarios. Entonces el faraón preguntó a sus funcionarios: ¿Acaso encontraremos a alguien como este hombre, tan claramente lleno del espíritu de Dios?".

—Génesis 41:37-38 NTV

A pesar de que el propio José había indicado unas características específicas que debía tener el candidato a dirigir el proceso que la nación enfrentaría (el verso 33 nos dice que debía ser un hombre sabio e inteligente), Faraón no se enfocó en eso como característica primordial para seleccionar al candidato.

Si pudiera trasladarlo a un ámbito moderno, este hombre no se detuvo a analizar la hoja de vida ni de qué universidad se había graduado, qué especializaciones tenía, si poseía un postgrado o en qué organizaciones había trabajado anteriormente. Lo que el Faraón observó, sobre todas las cosas, fue que José era un hombre en el cual estaba el Espíritu de Dios.

Lo que deseo plantear en este momento es si comprendes que más importante que la educación, los logros o el tamaño de tu cuenta bancaria es que tengas una relación con el Espíritu Santo. Sé que esta es una declaración que para muchos puede ser incoherente, insensata o incluso religiosa, pero enfatizo que debe ser la prioridad en la vida de cada cristiano.

Como empresario, autor, conferencista y otras cosas que hago, puedo decir que la diferencia —en mi vida— la ha hecho la presencia del Espíritu de Dios, no los títulos ni la experiencia. No ha sido cuestión de suerte, fortuna o casualidad. Al analizar mi pasado, debo entender que la gente identificó en mí algo que posiblemente no sabían que era pero te aseguro que fue el Espíritu de Dios operando en mí.

Recuerdo un proceso en el que fui escogido a muy corta edad para un cargo muy importante en una multinacional que estaba empezando operaciones en mi país de origen. En ese tiempo tenía 22 años, aún no había terminado la universidad y mi nivel de inglés no era el mejor. ¿Por qué comento esto?, porque fui seleccionado para el cargo en el que participaron numerosos candidatos. El tema es que los requerimientos que el cargo suponía, entre otras cosas que la persona a ser contratada fuera ciento por ciento bilingüe, con postgrado y cierta experiencia que yo no poseía, no estaban en mis antecedentes.

En ese momento fui contratado para manejar una división con un presupuesto anual de cincuenta millones de dólares. Créeme, no fue por mi habilidad, experiencia (que no tenía), preparación ni mis títulos (ya que no me había graduado). La empresa que estaba reclutando a los ejecutivos y la que me contrató vio algo en mí que, te aseguro, ni siquiera yo veía. Trabajé por algunos años en esa corporación y, por la gracia de Dios, mi división fue la más rentable y la de mayores ventas mientras estuvo bajo mi dirección.

No deseo que creas que mi opinión sobre la preparación, los títulos y la experiencia es que no sirven, lo que digo es que llegarán momentos en la vida en los que esas cosas no serán las que determinen que una puerta se abra o que seas acreedor de una oportunidad. Es el Espíritu de Dios el que te dirá qué responder, cómo actuar, qué decisiones tomar, cuándo callar y cuándo hablar.

Quiero mencionarte algunos de los muchos beneficios que una persona llena del Espíritu de Dios tendrá en su vida.

1. El Espíritu es el maestro por excelencia

> "Sin embargo, cuando el Padre envíe al Abogado
> Defensor como mi representante —es decir, al Espí-
> ritu Santo—, él les enseñará todo y les recordará
> cada cosa que les he dicho".
> —Juan 14:26 NTV

En un momento de mi desarrollo ministerial, intenté
empezar un proceso de capacitación en un seminario bíblico. Mi anhelo era prepararme de manera más adecuada
para la labor que Dios había puesto a mi cargo. Empecé
mis clases y las estaba disfrutando, aunque tenía trabajos,
tareas y asignaciones pensaba que estaba creciendo. Al
llevar un par de meses en el seminario, llegamos a estudiar
un versículo del libro de Hechos en el cual se hablaba de
la obra del Espíritu. El maestro que nos dirigía, que era
doctor en teología, nos advirtió: "Recuerden que todas
estas cosas que estudiaremos hoy ya no están en vigencia,
solo fueron para el tiempo de los apóstoles y con ellos
cesaron".

Ese fue un gran choque para mí, la persona que me
estaba enseñando sobre la Biblia no creía en sanidades,
milagros, llenura del Espíritu ni en sus manifestaciones.
Era un gran hombre de Dios. En esas semanas me había
dado mucha información histórica, me había capacitado
en cuanto a cómo observar las Escrituras sin querer inter-
pretarlas, pero no creía lo que yo vivía. Hasta ese momento
de mi vida, cientos de personas habían sido sanas al orar,
muchos habían recibido al Espíritu Santo al imponer mis
manos, eso era real para mí.

Fue entonces cuando escuché la dulce voz del Espíritu
que me dijo: "Yo he sido tu maestro hasta este día, lo que

sabes te lo he enseñado yo, te he recordado las palabras de Jesús, te he dado testimonio, ¿no te es suficiente?". Creo que la pregunta que me hizo en ese día tenía que ver con el hecho de no haber pedido su consejo para escoger el lugar donde me quería capacitar. Y debo ser honesto, ni siquiera le pregunté si deseaba que yo estudiara en ese momento de mi vida. De nuevo, te animo a capacitarte para crecer, a superarte, pero no olvides —como lo hice yo—, que debes preguntarle al Maestro por excelencia qué desea él para tu vida.

2. El Espíritu nos lleva a la verdad de todas las cosas

> "Pero cuando venga el Espíritu de la verdad, él los guiará a toda la verdad, porque no hablará por su propia cuenta sino que dirá sólo lo que oiga y les anunciará las cosas por venir. Él me glorificará porque tomará de lo mío y se lo dará a conocer a ustedes".
>
> —Juan 16:13-14

En un mundo donde ya no se sabe qué es real y qué no, para el creyente no debería ser una opción vivir lleno del Espíritu Santo. La Biblia llama al enemigo "padre de mentira". Veamos la descripción que hace el propio Jesús:

> "Pues ustedes son hijos de su padre, el diablo, y les encanta hacer las cosas malvadas que él hace. Él ha sido asesino desde el principio y siempre ha odiado la verdad, porque en él no hay verdad. Cuando miente, actúa de acuerdo con su naturaleza porque es mentiroso y el padre de la mentira".
>
> —Juan 8:44 NTV

Si entendemos que nuestro enemigo es padre de mentira, es decir, de engaño, no podemos recurrir a nada más que a la vida del Espíritu para superar lar artimañas de Satanás.

Años atrás empezamos a experimentar una situación con mi hija. Así, de repente, no quería dormir sola. La dejábamos en su habitación dormida y en la madrugada aparecía en nuestra cama. La situación se empezó a volver habitual y aunque le preguntábamos ella solo nos decía que quería estar con nosotros.

Al orar por eso, el Espíritu me dirigió a tener una conversación específica con mi pequeña. Por medio de preguntas clave, pude llegar a la raíz del asunto. Ella, al ser pequeña, no podía explicar lo que estaba sucediendo pero el Espíritu nos llevó a la verdad de lo ocurrido.

En esa conversación ella me dijo que unos niños en el colegio le habían hablado de un monstruo que habían visto. No sé si en un video o en una película, pero la impresión que le causó fue terrible. Mi hija pudo comprender, en esa conversación, que a partir de ese día ella había empezado a tener fuertes pesadillas en las que unos hombres entraban a nuestra casa a hacernos daño. Al orar con ella, pudo tener sanidad y ser libre de una "mentira" que el enemigo había puesto en ella al escuchar a los niños decir que le iban a hacer daño a su familia.

Pudiera contarte muchas historias vividas con diversas personas en las que el Espíritu nos ha llevado a encontrar la verdad. Realmente sin él sería imposible discernir entre la verdad y la mentira que enfrentamos en la actualidad.

3. El Espíritu nos capacita para una vida poderosa

"Pero cuando venga el Espíritu Santo sobre ustedes, recibirán poder y serán mis testigos tanto en

Jerusalén como en toda Judea y Samaria, y hasta los confines de la tierra".

—Hechos 1:8

Al igual que José poseemos las capacidades dadas por el Espíritu para tener vidas poderosas. La diferencia que tenemos los hijos de Dios frente a todos los seres humanos que son solamente criaturas, está dada por el Espíritu de Dios. La forma que Dios diseñó para que podamos experimentar el reino en la tierra es con la llenura de su Espíritu.

En la actualidad, tienes acceso a todo el poder de Dios, a los milagros, a las sanidades, a la palabra de ciencia y de sabiduría, a toda la lista que se encuentra en 1 Corintios 12 y Romanos 12 (más adelante hablaré de eso). Soy testigo de Jesús porque he podido experimentar su promesa:

"Estas señales milagrosas acompañarán a los que creen: expulsarán demonios en mi nombre y hablarán nuevos idiomas. Podrán tomar serpientes en las manos sin que nada les pase y, si beben algo venenoso, no les hará daño. Pondrán sus manos sobre los enfermos, y ellos sanarán".

—Marcos 16:17-18 NTV

"Dondequiera que vayan, prediquen este mensaje: 'El reino de los cielos está cerca'. Sanen a los enfermos, resuciten a los muertos, limpien de su enfermedad a los que tienen lepra, expulsen a los demonios. Lo que ustedes recibieron gratis, denlo gratuitamente".

—Mateo 10:7-8

Quiero invitarte a que muestres el reino y des de gracia lo que de gracia has recibido.

4. El Espíritu nos da dirección

"Pues todos los que son guiados por el Espíritu de Dios son hijos de Dios".

—Romanos 8:14 NTV

Este es, posiblemente, uno de los mayores privilegios que tenemos como hijos de Dios, tener (y lo digo con mucho respeto) un "GPS" para la vida, un sistema de navegación que nos dirige a salvo al destino que el Padre tiene para nosotros.

Permíteme darte un ejemplo sencillo. Con el crecimiento de Presencia Viva tuvimos que empezar a buscar un nuevo local a los cinco meses de haber empezado a reunirnos. El grupo de los niños había crecido vertiginosamente y ya no teníamos espacio para sus clases en el lugar que alquilábamos.

En nuestra ciudad tenemos un gran reto, no hay espacios a precios accesibles para construir iglesias. Pensar en construir un edificio de iglesia con terreno para estacionamiento es un reto de dimensiones millonarias. Todos los pastores que empezamos iglesias en esa área de Miami tenemos que enfrentar grandes dificultades para encontrar un local adecuado y que cumpla con todos los requisitos que los departamentos de bomberos, planeación, zonificación y obras públicas imponen para su funcionamiento.

Ante el reto que estábamos viviendo, un día subí al carro y le dije al Espíritu Santo: "Tú sabes dónde está nuestro siguiente edificio, necesito que me lleves hasta él". Espero que me creas, unos veinte minutos después me encontré parqueando frente a un edificio que no tenía ningún letrero de alquiler. Para abreviar, cinco meses más tarde estábamos inaugurando nuestras nuevas instalaciones en ese edificio. Dios nos dio gracia con los dueños y con las autoridades citadinas, de forma que pudimos cumplir con todas las exigencias en tiempo récord. El Espíritu nos llevó al lugar que tenía para nuestra iglesia.

Hace pocos meses experimenté otra situación similar. Esta vez fue buscando un vehículo que nuestra iglesia iba a donarle a una mamá soltera. Habíamos buscado en algunos concesionarios de automóviles sin encontrar ninguno adecuado. La situación no era la mejor, ya que debido a la pandemia los precios de los autos estaban por las "nubes" y adicionalmente había muy pocos a la venta.

Una vez más abordé mi carro y le dije al Espíritu Santo: "Tú sabes dónde está el carro que esta mamá va a manejar". Fue una experiencia emocionante, mientras manejaba sentía su voz que me decía: "Gira en el semáforo, continúa por esta calle" y, de repente me dice: "voltea acá", y en una esquina estaba estacionado un carro con un pequeño letrero que decía "se vende". Parecía estar estacionado en un lugar donde nadie lo viera (seguramente fue así, para que nosotros lo compráramos), pero él si sabía dónde estaba y para quién estaba separado.

No sé qué etapa de tu vida estás enfrentando, qué decisión tienes que tomar, si es escoger un país, un trabajo, dónde vivir o con quién casarte, pero para cada decisión puedes contar con la guía del Espíritu. Solo invítalo y pregúntale a dónde te quiere llevar.

5. El Espíritu afirma tu identidad como hijo de Dios

"Pues su Espíritu se une a nuestro espíritu para confirmar que somos hijos de Dios".

—Romanos 8:16 NTV

No deseo que pases este párrafo sin leerlo. He dedicado gran parte de los últimos años de mi vida a enseñar sobre la paternidad de Dios. Es increíble ver cuántos creyentes aman a Dios, asisten a las iglesias cada semana, sirven en sus congregaciones pero no conocen al Padre celestial, a pesar de haber recibido a Jesús en sus vidas.

Lo digo porque fue mi propia vivencia. Tuvieron que pasar veintinueve largos años en la iglesia para llegar a entender o, como usualmente lo digo, tener la revelación de que tenía un Padre y que yo era su hijo. Sí, yo también levantaba la mano rápidamente cuando el pastor preguntaba quién era hijo de Dios en medio de la reunión, pero la verdad es que ese era solo un concepto doctrinal o teológico. La realidad era que no me sentía hijo ni me comportaba como tal. Mi realidad era que me relacionaba con Dios mediante las obras. Servir era mi forma de estar en paz con Dios. Solo fue la obra del Espíritu de adopción lo que me permitió llamar a Dios "Abba", pero —como dije— casi treinta años después de permanecer en su casa.

"Y ustedes no recibieron un espíritu que de nuevo los esclavice al miedo, sino el Espíritu que los adopta como hijos y les permite clamar:

¡Abba! ¡Padre!".

—Romanos 8:15

En fin, pudiera incluir las capacidades con las que el Espíritu dota a los creyentes, las que se describen en 1 Corintios 12 y en Romanos 12.

"Ahora, amados hermanos, con respecto a la pregunta acerca de las capacidades especiales que el Espíritu nos da, no quiero que lo malentiendan. A cada uno de nosotros se nos da un don espiritual para que nos ayudemos mutuamente. A uno el Espíritu le da la capacidad de dar consejos sabios; a otro el mismo Espíritu le da un mensaje de conocimiento especial. A otro el mismo Espíritu le da gran fe y a alguien más ese único Espíritu le da el don de sanidad. A uno le da el poder para hacer milagros y a otro, la capacidad de profetizar. A alguien más le da la capacidad de discernir si un mensaje es del Espíritu de Dios o de otro espíritu. Todavía a otro se le da la capacidad de hablar en idiomas desconocidos, mientras que a otro se le da la capacidad de interpretar lo que se está diciendo".

—1 Corintios 12:1,7-10 NTV

"Dios, en su gracia, nos ha dado dones diferentes para hacer bien determinadas cosas. Por lo tanto, si Dios te dio la capacidad de profetizar, habla con toda la fe que Dios te haya concedido. Si tu don es servir a otros, sírvelos bien. Si eres maestro, enseña bien. Si tu don consiste en animar a otros, anímalos. Si tu don es dar, hazlo con generosidad. Si Dios te ha dado la capacidad de liderar, toma la responsabilidad en serio. Y si tienes el don de mostrar bondad a otros, hazlo con gusto".

—Romanos 12:6-8 NTV

No me corresponde estudiarlas en detalle en este libro, pero puedo decirte de manera sencilla que puedes tener acceso a las mismas capacidades que Faraón vio en José.

La Biblia afirma que podemos interpretar, profetizar, administrar, liderar, dar, ser compasivos, sanar, liberar y operar en muchas otras funciones pero nos dice claramente que es el Espíritu el que nos da esas virtudes o atributos.

Siempre animo a los empresarios y líderes a que no trabajen en el ámbito netamente natural, es decir, que si entendemos lo que nos entrega Jesús por medio del Espíritu, deberíamos ser empresarios, líderes, gobernantes, médicos, jueces, deportistas, artistas llenos del Espíritu Santo, todos operando bajo su poder y su dirección.

Al estar a punto de regresar al Padre, la instrucción más vehemente de Jesús a sus discípulos no fue que oraran, aunque los enseñó cómo hacerlo. Tampoco fue que leyeran la Palabra, aunque siempre se las recordó. Su mayor "preocupación" fue que no empezaran el proceso de conquistar al mundo para él sin antes haber recibido la promesa del Padre: el Espíritu Santo.

> Una vez, mientras comía con ellos, les ordenó: "No se vayan de Jerusalén hasta que el Padre les envíe el regalo que les prometió, tal como les dije antes. Juan bautizaba con agua, pero en unos cuantos días ustedes serán bautizados con el Espíritu Santo".
> —Hechos 1:4-5 NTV

Deseo hacerte la misma advertencia: no emprendas, no trabajes, no estudies sin asegurarte de que el Espíritu de Dios está en ti. Algunos en este momento pueden decir: "Ya es muy tarde, hace mucho tiempo trabajo o empecé mi negocio", etc. No te preocupes, invítalo hoy a que tome el lugar que le pertenece en tu vida.

Cierro este capítulo haciendo una aclaración, no sé cuál es tu condición espiritual, es decir, ignoro si crees en Dios. No tengo idea de quién es Jesús para ti, pero permíteme que te explique quién es él para mí.

Años atrás, al pasar muchas horas en los aviones, había una pregunta constante en mi mente: ¿Qué pasaría si este avión se cayera?, ¿cuál sería mi destino?, ¿qué habría después? A pesar de haber pasado muchos años en la iglesia durante mi niñez, no tenía certeza de cuál sería mi destino eterno.

Al regresar a la Biblia encontré la respuesta:

"Pues Dios amó tanto al mundo que dio a su único Hijo, para que todo el que crea en él no se pierda, sino que tenga vida eterna. Dios no envió a su Hijo al mundo para condenar al mundo, sino para salvarlo por medio de él. No hay condenación para todo el que cree en él, pero todo el que no cree en él ya ha sido condenado por no haber creído en el único Hijo de Dios".

—Juan 3:16-18 NTV

Mi paz con Dios fue comprada, mi perdón ya fue otorgado, mi destino fue asegurado pero yo debía tomar una decisión, necesitaba contestar una pregunta que se convertiría en la más importante de mi vida: ¿Quién era Jesús para mí? Eso se convirtió en algo personal, no tenía que ver con lo que mis padres creían o si había sido bautizado o asistido muchos domingos a la iglesia, era una pregunta penetrante, nadie más la podía responder por mí.

Fue en ese momento que entendí que Jesús no era simplemente un personaje histórico, un profeta o un simple líder religioso, era el mismo Dios, creador del universo que se había hecho hombre para reconciliar a Padre Dios con la humanidad.

Descubrí lo siguiente:

"Tengan la misma actitud que tuvo Cristo Jesús. Aunque era Dios, no consideró que el ser igual a Dios fuera algo a lo cual aferrarse. En cambio, renunció a sus privilegios divinos; adoptó la humilde posición de un esclavo y nació como un ser humano. Cuando apareció en forma de hombre, se humilló a sí mismo en obediencia a Dios y murió en una cruz como morían los criminales. Por lo tanto, Dios lo elevó al lugar de máximo honor y le dio el nombre que está por encima de todos los demás nombres para que, ante el nombre de Jesús, se doble toda rodilla en el cielo y en la tierra y debajo de la tierra, y toda lengua declare que Jesucristo es el Señor para la gloria de Dios Padre".

—Filipenses 2:5-11 NTV

Al leer estas palabras comprendí quién había muerto en la cruz y por qué lo había hecho. Entendí por qué al morir afirmó que la deuda estaba pagada. La deuda que fue saldada en la cruz era la paga por mi pecado, pero también por el tuyo.

Si no has tenido una experiencia como esa, deseo invitarte a que la tengas hoy. No te estoy diciendo que debes ser parte de una religión en particular. Lo que digo es que debes empezar una relación con el Dios que te amó tanto que dejó su lugar en el cielo para encontrarse hoy contigo en este libro. Él desea asegurarte su perdón y tu destino eterno; es decir, tu paso a la eternidad con Dios al morir. De igual forma él promete, como lo expresé anteriormente, que su Espíritu estará con nosotros por siempre.

Si deseas tomar esta decisión, que será la más importante de tu vida, quiero pedirte que hagas la siguiente oración con sinceridad en tu corazón:

Señor Jesús, hoy he entendido que eres Dios y que viniste a la tierra para pagar la deuda de mi pecado con Dios. En este día reconozco que soy pecador, me arrepiento y pido que me perdones. Te invito a morar en mí, en tanto te declaro como mi Salvador. Ayúdame a crecer día a día en ti, en tu Palabra y sé el Señor de mi vida. Gracias por perdonarme y salvarme. Amén.

Bienvenido a la familia de Dios. La Biblia dice que, al tomar esta decisión, se te da el privilegio de ser llamado hijo o hija de Dios. Te felicito, esta es la mejor decisión que has podido tomar. Sin embargo, para finalizar déjame hacer una oración por ti.

Padre celestial, te doy gracias por esta decisión tan importante que el lector ha tomado hoy. Te pido, como lo prometiste, que envíes al Espíritu Santo a morar en su vida. Que a partir de hoy pueda disfrutar todos los beneficios de aquellos que somos tus hijos y que estamos llenos de tu Santo Espíritu, amén.

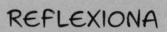

REFLEXIONA

1. ¿Habías tomado anteriormente una decisión personal por Jesús?, ¿Qué experimentaste hoy?

_____

_____

_____

_____

_____

2. Al finalizar este capítulo ¿hay algún cambio respecto a la opinión que tenías sobre el Espíritu Santo?

_____

_____

_____

_____

_____

_____

3. ¿Crees que Dios te puede usar de manera poderosa?

_____

_____

_____

_____

_____

4. ¿Cuáles de las capacidades del Espíritu anhelas que Dios active en tu vida?

_____

_____

_____

_____

_____

5. Ora pidiendo al Espíritu que te llene y empodere en este día y escribe tu petición a Dios.

_____

_____

_____

_____

_____

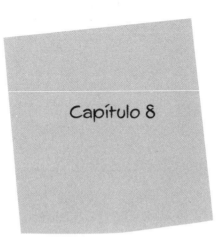

Capítulo 8

UNA MENTALIDAD GENERACIONAL

No podemos finalizar este libro sin tratar lo que considero el combustible que impulsó a José toda su vida: la mentalidad generacional.

A mi manera de ver uno de los aspectos más cercanos al corazón de Dios es precisamente la mentalidad generacional. Cierto día, en el que preparaba una serie sobre el tema para predicar en Presencia Viva, encontré más de 120 referencias en la Biblia acerca de las siguientes generaciones, las que están pasándonos por encima y las del futuro.

Es claro, entonces, que no es un tema poco relevante en las Escrituras. Sin embargo, la pregunta es: ¿por qué? Creo que simplemente no existe otra manera de preservar a Dios en la historia sino al realizar un esfuerzo y ser intencionales en cada generación con los que van creciendo para que sea traspasada la "posta de la fe", como en las carreras de relevo.

> "Ama al SEÑOR tu Dios con todo tu corazón, con toda tu alma y con todas tus fuerzas. Debes comprometerte con todo tu ser a cumplir cada uno de estos mandatos que hoy te entrego. Repíteselos a tus hijos una y otra vez. Habla de ellos en tus conversaciones cuando estés en tu casa y cuando vayas por el camino, cuando te acuestes y cuando te levantes. Átalos a tus manos y llévalos sobre la frente como un recordatorio. Escríbelos en los marcos de la entrada de tu casa y sobre las puertas de la ciudad".
> —Deuteronomio 6:5-9 NTV

Hay un versículo en la Biblia que me impresiona, me causa escalofrío y está en Jueces, pero antes de mencionarlo, déjame hacer un resumen de lo que está sucediendo en los libros anteriores.

Justo después de que muere en Egipto el protagonista de este libro, José, la Biblia relata que se levantó otro faraón que no conoció a José y que esclavizó al pueblo de Israel haciéndoles pasar por trabajos forzados y grandes abusos. Transcurrieron unos cuatrocientos treinta años y es entonces cuando Dios levanta a un libertador llamado Moisés, hombre por medio del cual Dios haría grandes prodigios y milagros. Tantos que después de enfrentar diversas plagas nunca antes vistas, el faraón deja ir en libertad al pueblo hebreo.

Después de salir al desierto y ver la milagrosa apertura del Mar Rojo abriéndose ante sus ojos, el pueblo de Dios permanece unos cuarenta años deambulando por el desierto. Tiempo en el que una vez tras otra Dios realiza grandes señales. Los alimenta con maná, una comida que —literalmente— caía del cielo, les proporciona aves de los cielos para que coman carne, les da a beber agua de la roca, los guía con una nube en el día y con una columna de fuego por la noche. Al transcurrir el tiempo, Moisés muere y Dios levanta a un nuevo líder llamado Josué, que lo había acompañado en toda esa travesía.

Así como estuvo con Moisés, ahora Dios estaba con Josué. Al entrar a poseer la tierra que Dios le había prometido al pueblo, este cruza el río Jordán y detiene su caudal en un punto hasta que la totalidad del pueblo cruza. Este pueblo ve una vez más grandes portentos. Las ciudades llenas de enemigos poderosos caen ante sus ojos y van derrotando uno por uno a sus enemigos.

La Biblia narra unos de los momentos más inolvidables en la vida de Josué como sigue:

"El día que el Señor les dio a los israelitas la victoria sobre los amorreos, Josué oró al Señor delante de todo el pueblo de Israel y dijo: Que el sol se detenga sobre Gabaón, y la luna, sobre el valle de Ajalón. Entonces el sol se detuvo y la luna se quedó en su sitio hasta que la nación de Israel terminó de derrotar a sus enemigos. ¿Acaso no está registrado ese suceso en El libro de Jaser? El sol se detuvo en medio del cielo y no se ocultó como en un día normal. Jamás, ni antes ni después, hubo un día como ese, cuando el Señor contestó semejante oración. ¡Sin duda, ese día el Señor peleó por Israel!".

—Josué 10:12-14 NTV

¿Puedes imaginarte algo así? Otra versión de la Biblia dice: "Ese fue el día que Dios obedeció la voz de un hombre". El énfasis que deseo hacer es que, tanto Josué como la generación que lo acompañó, vieron todo tipo de prodigios, experimentaron señales y cosas que ninguna generación había visto.

Es entonces cuando llegamos al libro de Jueces y al versículo que deseo compartir:

"Josué hijo de Nun, siervo del Señor, murió a la edad de ciento diez años, y lo sepultaron en Timnat Jeres, tierra de su heredad, en la región montañosa de Efraín, al norte del monte de Gaas. También murió toda aquella generación, y surgió otra que no conocía al Señor ni sabía lo que él había hecho por Israel".

—Jueces 2:8-10

Hagamos énfasis en el versículo diez:

"También murió toda aquella generación, y surgió otra que no conocía al Señor ni sabía lo que él había hecho por Israel".

—Jueces 2:10

Me ha sido difícil comprender cómo —de una generación a la siguiente— "puede Dios desaparecer" de la historia de una nación. Algo que me impacta es que esta generación de Josué no fue una cualquiera. Permíteme que repita algunas de las cosas que vieron:

- Dios abrió el Mar Rojo en dos.
- Dios sanó las aguas amargas de Mara.
- Dios los guio con una nube durante el día y con una columna de fuego por la noche.
- Dios les dio a beber agua de la roca.
- Dios les dio maná como alimento.
- Dios hizo que sus ropas crecieran en tanto ellos también lo hacían.
- Dios hizo que sus zapatos se agrandarán mientras sus pies se desarrollaban.
- Dios abrió la tierra para consumir a los rebeldes.
- Dios los sanó de enfermedades en el desierto.
- Dios detuvo el río Jordán para que cruzaran a la tierra prometida.
- Dios derribó las murallas de Jericó.
- Dios les Dios la victoria sobre sus enemigos en diversas oportunidades.
- Dios envió granizo para derrotar a los enemigos de Israel.
- Dios detuvo el sol para que ganaran la batalla contra los amorreos.

- Dios realizó muchos otros milagros en esa generación.

La pregunta es: ¿qué pasó?, ¿dónde se perdió el rastro de Dios en la historia de Israel? Me sorprende mucho más porque es el mismo Josué el que capítulos antes declara:

> "Pero si te niegas a servir al Señor, elige hoy mismo a quién servirás. ¿Acaso optarás por los dioses que tus antepasados sirvieron del otro lado del Éufrates? ¿O preferirás a los dioses de los amorreos, en cuya tierra ahora vives? Pero en cuanto a mí y a mi familia, nosotros serviremos al Señor".
>
> —Josué 24:15 NTV

Josué declara: "En cuanto a mí y a mi familia, nosotros serviremos al Señor".

Una vez más pregunto: ¿Qué pasó? Al enseñar sobre la mentalidad generacional en nuestra congregación, al final del discipulado pregunté a los asistentes ¿qué habían aprendido, qué se llevaban en sus corazones? Una joven de unos diecisiete años dijo algo que aún resuena en mí. Ella articuló una frase que posiblemente es de las más poderosas que he escuchado a este respecto: "De nada sirve conquistar la tierra prometida si no conquistas a la siguiente generación".

Por desdicha, creo que Josué conquistó la tierra prometida pero no conquistó a la siguiente generación.

La frase anterior es demasiado poderosa, apliquémosla a nuestro diario vivir. De nada sirve hacer dos o tres postgrados, construir emporios comerciales, acumular grandes fortunas, levantar ministerios internacionales si nuestros hijos no conocen al Dios que nos permitió alcanzar todos esos logros. Es mi oración que no nos perdamos con las bendiciones y logros que Dios nos ha dado en tanto dejamos de lado a la siguiente generación.

No permitamos que Dios sea olvidado en la siguiente generación.

Permíteme que te brinde algunos ejemplos bíblicos sobre lo intencional que es nuestro Dios al respecto:

1. Dios establece la Pascua y les advierte a los israelitas que sus hijos les van a preguntar por qué la celebramos y ustedes les van a recordar lo que yo hice.

> "Cuando entren en la tierra que el Señor ha prometido darles, seguirán celebrando esta ceremonia. Entonces sus hijos preguntarán: '¿Qué significa esta ceremonia?'. Y ustedes contestarán: 'Es el sacrificio de la Pascua del Señor, porque él pasó de largo las casas de los israelitas en Egipto. Y aunque hirió de muerte a los egipcios, salvó a nuestras familias'". Cuando Moisés terminó de hablar, todos los presentes se postraron hasta el suelo y adoraron".
>
> —Éxodo 12:25-27 NTV

2. Dios ordena que se erijan doce piedras en la mitad del Jordán para recordarles a las siguientes generaciones lo que él hizo para que el pueblo pudiera cruzar el río.

> "Llamó, pues, Josué a los doce hombres que había señalado de entre los hijos de Israel, uno de cada tribu; y Josué les dijo: Pasad delante del arca del Señor vuestro Dios al medio del Jordán, y alce cada uno una piedra sobre su hombro, de acuerdo con el número de las tribus de los hijos de Israel. Sea

esto una señal entre vosotros, y más tarde cuando vuestros hijos pregunten, diciendo: '¿Qué significan estas piedras para vosotros?', les diréis: 'Es que las aguas del Jordán quedaron cortadas delante del arca del pacto del Señor; cuando ésta pasó el Jordán, las aguas del Jordán quedaron cortadas'. Así que estas piedras servirán como recuerdo a los hijos de Israel para siempre".

—Josué 4:4-7 LBLA

3. Dios giró instrucciones para levantar altares donde él les haría recordar su nombre.

"Háganme un altar de tierra y ofrézcanme sus sacrificios: sus ofrendas quemadas y ofrendas de paz, sus ovejas y cabras y su ganado. Constrúyanme un altar donde yo determine que recuerden mi nombre, y allí me presentaré ante ustedes y los bendeciré. Si usan piedras para construir un altar, que sean piedras enteras y en su forma original. No den forma a las piedras con ninguna herramienta, pues eso haría que el altar fuera indigno de un uso santo".

—Éxodo 20:24-25 NTV

4. Dios estableció fiestas para que recordaran sus obras.

"'Deberás celebrar este festival al Señor cada año durante siete días. Esta es una ley perpetua para ti, que se cumplirá en el mes establecido de generación en generación. Durante siete días deberás vivir en pequeñas enramadas. Todos los israelitas de nacimiento deberán vivir en enramadas. Esto le recordará a cada nueva generación de israelitas que yo hice que sus antepasados vivieran en enramadas cuando los rescaté de la tierra de Egipto. Yo soy el Señor tu Dios'. Así que Moisés les dio a los israelitas estas instrucciones acerca de los festivales anuales del Señor".

—Levítico 23:41-44 NTV

El salmista nos recuerda:

"Oh pueblo mío, escucha mis enseñanzas; abre tus oídos a lo que digo, porque te hablaré por medio de una parábola. Te enseñaré lecciones escondidas de nuestro pasado, historias que hemos oído y conocido, que nos transmitieron nuestros antepasados. No les ocultaremos estas verdades a nuestros hijos; a la próxima generación le contaremos de las gloriosas obras del Señor, de su poder y de sus imponentes maravillas. Pues emitió sus leyes a Jacob; entregó sus enseñanzas a Israel. Les ordenó a nuestros antepasados que se las enseñaran a sus hijos, para que la siguiente generación las conociera —incluso los niños que aún no habían nacido—, y ellos, a su vez, las enseñarán a sus propios hijos. De modo que cada generación volviera a poner su esperanza en Dios y no olvidara sus gloriosos milagros, sino que obedeciera sus mandamientos. Entonces no serán obstinados, rebeldes e infieles como sus antepasados, quienes se negaron a entregar su corazón a Dios".

—Salmos 78:1-8 NTV

Este es el diseño de Dios, diseño que no podemos reemplazar. Debemos anunciar las obras y las proezas de nuestro

Señor a nuestros hijos para que ellos se las anuncien a sus hijos y así sucesivamente.

Cuando Dios se presentó a cada uno de los hombres que estaba escogiendo, se encargó de recordarles quién había sido en la vida de sus antepasados:

Cuando se le apareció a Isaac:

> El Señor ... le dijo: No desciendas a Egipto, sino haz lo que yo te digo. Vive aquí como extranjero en esta tierra, y yo estaré contigo y te bendeciré. Yo, con estas palabras, confirmo que te daré todas estas tierras a ti y a tu descendencia, tal como le prometí solemnemente a Abraham, tu padre. Haré que tus descendientes sean tan numerosos como las estrellas de los cielos, y les daré todas estas tierras. Y mediante tu descendencia, todas las naciones de la tierra serán bendecidas. Yo haré esto porque Abraham me escuchó y obedeció todos mis requisitos, mandatos, decretos e instrucciones.
>
> —Génesis 26:2-5 NTV

Cuando se le reveló a Jacob:

> "En la parte superior de la escalera estaba el Señor, quien le dijo: Yo soy el Señor, Dios de tu abuelo Abraham, y Dios de tu padre Isaac. La tierra en la que estás acostado te pertenece. Te la entrego a ti y a tu descendencia".
>
> —Génesis 28:13 NTV

> "Entonces Jacob oró: Oh Dios de mi abuelo Abraham y Dios de mi padre Isaac; oh Señor, tú me

dijiste: 'Regresa a tu tierra y a tus parientes'. Y me prometiste: 'Te trataré con bondad'".

—Génesis 32:9 NTV

Cuando llamó a Moisés:

"Cuando el Señor vio que Moisés se acercaba para observar mejor, Dios lo llamó desde el medio de la zarza: '¡Moisés! ¡Moisés!'. 'Aquí estoy —respondió él—. 'No te acerques más —le advirtió el Señor—. Quítate las sandalias, porque estás pisando tierra santa. Yo soy el Dios de tu padre, el Dios de Abraham, el Dios de Isaac y el Dios de Jacob. Cuando Moisés oyó esto, se cubrió el rostro porque tenía miedo de mirar a Dios".

—Éxodo 3:4-6 NTV

En el caso de José vemos la claridad que tenía respecto al tema generacional. En primera instancia, comprende que su sufrimiento es el precio a pagar para la preservación de su padre y su familia. Él entendió que una vida solo trasciende cuando tiene valor generacional, cuando sirve a un propósito mayor, cuando —por sus decisiones— se preserva la vida a personas, familias, tribus y hasta naciones. Veamos su declaración:

"Entonces sus hermanos llegaron, y se arrojaron al suelo delante de José y dijeron: 'Mira, ¡somos tus esclavos!'. Pero José les respondió: 'No me tengan miedo. ¿Acaso soy Dios para castigarlos? Ustedes se propusieron hacerme mal, pero Dios dispuso todo para bien. Él me puso en este cargo para que yo pudiera salvar la vida de muchas personas. No, no tengan miedo. Yo seguiré cuidando de ustedes y de sus hijos. Así que hablándoles con ternura y bondad, los reconfortó'".

—Génesis 50:18-21 NTV

"Aunque sus planes conmigo eran perversos, yo estaba sirviendo a un propósito superior", declara José. Mi vida solo tiene propósito si sirve a las siguiente generaciones, y tanto él como su padre sabían la marca que puede dejar un hombre en sus generaciones.

Veamos el final de la vida de Jacob, el padre de José, y los decretos respecto a sus nietos.

"Entonces Jacob miró a los dos muchachos. '¿Son estos tus hijos? —preguntó—. 'Sí —le dijo José—, estos son los hijos que Dios me ha dado aquí en Egipto'. Y Jacob dijo: 'Acércalos más a mí, para que pueda bendecirlos'. Jacob casi había perdido la vista debido a su avanzada edad y apenas podía ver. Entonces José le acercó a los muchachos, y Jacob los besó y los abrazó. Entonces Jacob le dijo a José: 'Nunca pensé que volvería a ver tu rostro, ¡pero ahora Dios me ha permitido ver también a tus hijos!'. José retiró a los muchachos de las rodillas de su abuelo, y se inclinó con el rostro hacia el suelo. Después puso a los muchachos delante de Jacob. Con su mano derecha dirigió a Efraín hacia la mano izquierda de Jacob, y con su mano izquierda puso a Manasés a la mano derecha de Jacob. Pero Jacob cruzó sus brazos cuando los extendió para poner sus manos sobre la cabeza de los muchachos: es decir, puso su mano derecha sobre la cabeza de Efraín —aunque él era el menor— y su mano izquierda sobre la cabeza de Manasés, que era el hijo mayor. Luego bendijo a José con las siguientes palabras: 'Que el Dios delante del cual caminaron mi abuelo Abraham y mi padre Isaac —el Dios que ha sido mi pastor toda mi vida, hasta el día de hoy, el Ángel que me ha salvado de todo mal— bendiga a estos muchachos. Que ellos preserven mi nombre y el nombre de Abraham y de Isaac. Y que su descendencia se multiplique en gran manera por toda la tierra'. Así que, aquel día, Jacob bendijo a los muchachos con esta bendición: 'El pueblo de Israel usará el nombre de ustedes cuando impartan una bendición. Dirán: Que Dios los haga tan prósperos como a Efraín y a Manasés. De esta manera, Jacob puso a Efraín antes de Manasés'".

—Génesis 48:8-16,20 NTV

Todas y cada una de las palabras expresadas por Jacob en esta bendición tenían un hilo conductor entre sus antepasados. Por eso dijo que "el Dios delante del cual caminaron mis abuelos Abraham y mi padre Isaac y el Dios (que ahora ha sido mi Dios) los bendiga". Esta parte de la bendición es particularmente hermosa porque Jacob menciona a sus antepasados en general para luego hacerlo de manera personal. "El Dios que ha sido mi pastor" es una frase que muestra la mentalidad generacional elevada a su máxima expresión. José fue testigo de todo ese proceso y creo que debido a eso, antes de morir, hizo una petición especial a sus hijos:

"Entonces José hizo jurar a los hijos de Israel y les dijo: Cuando Dios venga a ayudarlos y los lleve de regreso, deben llevarse mis huesos con ustedes. José

murió a los ciento diez años de edad y los egipcios
lo embalsamaron, y pusieron su cuerpo en un ataúd
en Egipto".

—Génesis 50:25-26 NTV

José alcanzó a ver la futura esclavitud de su pueblo pero,
de igual forma, vio la libertad. Él sabía que el paso por
Egipto era algo transitorio y que el pueblo iba a necesitar
de la ayuda de Dios. Por esa razón les da un encargo —creo
yo— incómodo y difícil: llevar un ataúd durante toda la
travesía que haría Israel en los años por venir, hasta que
lo pudieran llevar al lugar donde reposarían sus huesos
para siempre.

Fue tan poderoso e importante ese encargo que, al pasar
unos cuatrocientos años y ser levantado Moisés como líder,
este tuvo el cuidado de cumplir con el juramento que sus
antepasados le hicieron a José:

"Moisés llevó consigo los restos de José, porque
José había hecho jurar a los hijos de Israel que así
lo harían cuando dijo: Pueden estar seguros de que
Dios vendrá a ayudarlos. Cuando eso suceda, llévense de aquí mis restos con ustedes".

—Éxodo 13:19 NTV

Creo que lo más importante de este evento es el hecho
de que imagino que cada vez que el pueblo enfrentaba una
situación difícil, aquella caja con los huesos de José les
recordaba esas palabras poderosas:

"Pueden estar seguros de que Dios vendrá a ayudarlos. Cuando eso suceda, llévense de aquí mis restos
con ustedes".

Al transcurrir los cuarenta años en el desierto y haberse llevado a cabo el cumplimiento de la conquista de la tierra prometida, los huesos de José llegaron a su lugar final de reposo, una vez que lo que Dios le había prometido se cumplió.

> "Los huesos de José —los cuales los israelitas llevaron consigo cuando salieron de Egipto— fueron enterrados en Siquem, en la porción de tierra que Jacob le había comprado a los hijos de Hamor por cien piezas de plata. Esa tierra estaba situada en el territorio asignado a los descendientes de José".
>
> —Josué 24:32 NTV

José, aún muerto, "acompañó" el transitar del pueblo al atravesar el Mar Rojo, en el paso por el desierto, en el cruce del Jordán y en cada una de las batallas que llevaron a la conquista de la tierra prometida. José se aseguró de que aún muerto, con el peso de sus huesos, el pueblo de Israel recordara, trajera a la memoria, las obras de Dios en las pasadas generaciones. Ese hombre vio más allá y por eso la Biblia lo recuerda en lo que se conoce como el salón de la fama en el libro de Hebreos así:

> "Fue por la fe que José, cuando iba a morir, declaró con confianza que el pueblo de Israel saldría de Egipto. Incluso les mandó que se llevaran sus huesos cuando ellos salieran".
>
> —Hebreos 11:22 NTV

Es mi invitación que te asegures de dejar unos "huesos" para que tus futuras generaciones carguen en su peregrinar individual con Dios. Que cuando ellos atraviesen sus mares, desiertos y ríos, puedan "cargar" el peso de tus palabras, de tus testimonios, de las historias que les contaste en cuanto a cómo lo hizo Dios contigo y cómo te brindó la valentía para ello, de modo que puedas asegurarles que también estará con ellos.

Te bendigo y espero que este sea un manual que te ayude a convertirte en un ser humano con características similares a las que hemos estudiado en José, un hombre en el que el carácter de Jesús se vea por medio del fruto del Espíritu Santo en tu vida.

Finalizo compartiendo un pasaje que se ha convertido en el motor de mi existir. Pido que lo puedas acoger cualquiera sea tu edad, tu estado civil o la etapa de la vida en que estés. Te insto a hacerlo tuyo, todo cambiará si lo haces:

"Oh Dios, tú me has enseñado desde mi tierna infancia, y yo siempre les cuento a los demás acerca de tus hechos maravillosos. Ahora que estoy viejo y canoso, no me abandones, oh Dios. Permíteme proclamar tu poder a esta nueva generación, tus milagros poderosos a todos los que vienen después de mí".
—Salmos 71:17-18 NTV

Que el Dios de mis padres te bendiga y que esté contigo y tu familia como ha estado en la de mis padres por más de 80 años.

Nunca olvides que:

"Señor, tú has sido un refugio para nosotros de generación en generación".
—Salmos 90:1 LBLA

REFLEXIONA

1. Antes de leer este capítulo ¿qué opinión tenías de la mentalidad generacional?

_____

_____

_____

_____

_____

2. ¿Cómo afecta tu vida este capítulo en cuanto al concepto de la mentalidad generacional?

_____

_____

_____

_____

_____

_____

3. ¿Qué decisiones puedes tomar, a partir de este día, para ajustar tu destino y el de los que te seguirán?

_____

_____

_____

_____

4. ¿Existen personas a las cuales les debes agradecer por levantarte en la fe o simplemente familiares, amigos, líderes que te hayan ayudado en el crecimiento espiritual?

_____

_____

_____

_____

5. ¿Qué harás diferente a partir de este día para que Dios sea conocido en la siguiente generación?

_____

_____

_____

_____

PALABRAS FINALES

Al llegar al cierre de este libro sobre la vida de José espero, sobre todas las cosas, que seas inspirado a ir a otro "nivel" en tu vida. Hombres como este deben ser una inspiración para una generación que lamentablemente carece de ejemplos adecuados a seguir.

Hace poco estaba en un charla sobre rendición de cuentas y la persona con la que hablaba me planteó varias preguntas pero, sobre todo, me cuestionó ¿cuál era la razón de la reunión?, ¿qué problema tenía? La verdad no había ninguno. Le expliqué que me sentía bien a nivel profesional, espiritual y emocional, pero que había aprendido que la peor evaluación que una persona se puede hacer es la propia o la autoevaluación, ya que uno puede engañarse y pensar que está bien cuando la realidad es otra.

Después de unos minutos me hizo otra pregunta muy profunda: "¿Qué te preocupa cuando estás solo?". Al escuchar eso me di cuenta de que dentro de mi corazón estaba creciendo un temor. Veía con mucha frecuencia que más y más personas caían a mi derredor, y parecía que cada vez estaban más cerca. Le explicaba que mi anhelo era terminar bien, honrar a Dios y a mi familia, pero que parecía una labor difícil de alcanzar ante lo que estaba presenciando.

Sus palabras llenas de sabiduría y amor no apuntaron hacia ninguna otra cosa que a mi relación personal con Dios. Me recordó que él es quién me sostendrá y ayudará en cada debilidad, que su compañía y su presencia me mantendrán enfocado. De igual manera me felicitó por abrir esos "espacios" en mi itinerario para hablar y mostrarme sensible.

Con el paso de los años, he entendido que es imposible que el temor a Dios no crezca entre más le conoces. Entre más te enamoras de él es imposible no querer honrarlo, amarlo, servirle y hacerlo todo de la mejor manera posible. Pero de igual forma he visto que muchas veces la vergüenza puede ser muy poderosa. Pensar que vas a ser rechazado, juzgado o avergonzado puede mantener a la persona en un doloroso silencio.

Al escribir estas letras recuerdo a quien fuera mi mentor por muchos años hasta que partió a la presencia de Dios: el pastor José Silva. Lo recuerdo por muchas razones: sus consejos, su ejemplo, sus enseñanzas pero, sobre todo, por su testimonio.

Uno de los primeros consejos que me dio en los inicios del ministerio y ante el crecimiento del mismo, se basó en las palabras del apóstol Pablo a Timoteo:

> "Ten cuidado de ti mismo y de la enseñanza; persevera en estas cosas, porque haciéndolo asegurarás la salvación tanto para ti mismo como para los que te escuchan".
>
> —1 Timoteo 4:16 LBLA

Como lo mencioné anteriormente, me acerqué a él buscando la dirección de un hombre que para ese momento tenía unos sesenta años en el ministerio. Posiblemente esperando que me diera la clave para hacer crecer la iglesia, mantenerme relevante o qué sé yo, saber cómo llegar a su edad permaneciendo fiel. Sus palabras fueron muy sencillas pero penetrantes: cuídate de ti mismo.

La verdad es que creo que esta es la clave para todo hombre y mujer que desee permanecer en el tiempo, cualquiera sea el área de la sociedad en la que se desempeñe, en la que trabaje o ejerza su profesión o aún si está en casa levantando una familia: tener cuidado de sí mismo.

La Biblia es clara:

"El corazón humano es lo más engañoso que hay, y extremadamente perverso. ¿Quién realmente sabe qué tan malo es? Pero yo, el Señor, investigo todos los corazones y examino las intenciones secretas. A todos les doy la debida recompensa, según lo merecen sus acciones".

—Jeremías 17:9-10 NTV

Debo decirte que por muy buen ser humano y creyente que uno se crea, debe tener cuidado de sí mismo. Los deseos del corazón, junto a los planes del enemigo, son la combinación perfecta para que terminemos haciendo lo que nunca debimos haber permitido.

Quisiera invitarte a que no te engañes, no confíes en que puedes resistir, vencer o dominar algo que se está manifestando en el interior de tu corazón. Necesitamos de otros para rendir cuentas, para exponer la verdad de nuestro interior.

Si me preguntas cuál ha sido el factor común que he visto en los conocidos que han caído, puedo afirmar que es la soledad lo que causó la falta de rendición de cuentas. Permíteme que te explique, no hablo de personas que fueran ermitañas o asociales ni de las que no han tenido un pastor. De la soledad que hablo es la de no tener alguien a quién rendir cuentas, esa persona que conoce lo que nadie más sabe —tus secretos— y a la que le has dado autoridad para que inquiera en tu intimidad.

He visto personas que me han dicho que tienen un pastor, un mentor o un líder pero al preguntarles por la dinámica de la relación, usualmente he visto que está dada en el ámbito ministerial o profesional y muy pocas veces en lo personal.

Es decir, esas personas —como quizás yo lo hice con el pastor José— se acercan para aprender respecto al hacer, pero no queriendo crecer en su ser, y esa es la gran falla.

Uno de mis mentores me ha recalcado que todo ser humano necesita tener a alguien que le diga: "NO". Uno de los mayores retos que he visto entre la gente exitosa en lo profesional y financiero, es precisamente este: no tienen alguien que les pueda llamar la atención, corregir ni guiar. Parece que la posición, los logros y el dinero nos embriagan y nos llevan al engaño de creernos que somos infalibles.

Debemos recordar lo que nos aconseja el libro de Proverbios:

"El orgullo va delante de la destrucción, y la arrogancia antes de la caída".
—Proverbios 16:18 NTV

El orgullo y la arrogancia son las señales que nos advierten la inminencia de la catástrofe cercana. Estos dos términos describen a la persona que tiene un concepto de sí mismo como superior a los demás; es decir, gente que piensa que no necesita de nadie, que no pide consejo.

Por muchos años sufrí al no tener la capacidad de expresar mis sentimientos ni compartir mis intimidades. Crecí en un hogar en el que me dijeron que el "silencio" era mejor, que "la ropa sucia se lava en casa" (no sé si conoces esa expresión). En esencia, lo que se codificó en mi mente fue que a nadie le importaba lo que yo estuviera viviendo y que, por el contrario, en determinado momento lo iban a utilizar en mi contra.

Debo ser muy enfático, no te digo que publiques todo lo que te suceda en las redes sociales para que sean de dominio público. Pero es importante que tengas esa o esas personas ante las que "te desnudes, te descubras". Personas maduras, confiables, serias y sabias que te protejan y te resguarden a la vez que te corrigen sanamente. Tener personas como esas es vital si quieres llegar lejos y terminar bien.

Años atrás tuve que empezar un proceso de sanidad para aprender a hablar, a sentir, a expresar mis luchas y no cargar solo con ellas. No puedo dimensionar la libertad que experimenté al ser capacitado para hablar con las personas correctas, ha sido un gran alivio.

No conozco la razón pero, de alguna manera, se ha popularizado una noción errónea que hace pensar a las personas que si hablan sobre sus luchas es porque se muestran débiles, incapaces o menos que los demás; lo cual es un gran engaño. Nuestro mayor ejemplo es Jesús, veamos lo que hizo en su mayor momento de angustia:

> Entonces Jesús fue con ellos al huerto de olivos llamado Getsemaní y dijo: "Siéntense aquí mientras voy allí para orar". Se llevó a Pedro y a los hijos de Zebedeo, Santiago y Juan, y comenzó a afligirse y angustiarse. Les dijo: "Mi alma está destrozada de tanta tristeza, hasta el punto de la muerte. Quédense aquí y velen conmigo". Él se adelantó un poco más y se inclinó rostro en tierra mientras oraba: "¡Padre mío! Si es posible, que pase de mí esta copa de sufrimiento. Sin embargo, quiero que se haga tu voluntad, no la mía".
>
> —Mateo 26:36-39 NTV

Creo que en este pasaje encontramos el resumen de lo que he venido expresando. Jesús tuvo esas personas a las que les expresó cómo estaba su corazón. El Hijo de Dios tuvo la capacidad de exponer su condición, su angustia, su temor sin reservas. De igual forma se dirigió a la fuente de vida: al Padre. Por favor, no olvides que estos solo son elementos importantes. Sin embargo, la falta de rendir cuentas es clave, pero de igual forma lo es acudir al Padre.

No son pocas las personas que se quedan solo con la segunda parte, es decir aquellos que dicen: "Jesús es mi pastor, solo a él le rindo cuentas, él me guía y me corrige, no necesito que otro ser humano me diga qué debo hacer".

Esto puede parecer muy espiritual y hasta piadoso, pero creo que en la tierra necesitamos estar sometidos a alguien, es decir, una figura de autoridad. Debemos tener la humildad, a pesar de los logros, de estar sujetos a alguien. Es muy importante entender la revelación que Jesús le explicó a Pedro:

"Te digo la verdad, cuando eras joven, podías hacer lo que querías; te vestías tú mismo e ibas adonde querías ir. Sin embargo, cuando seas viejo, extenderás los brazos, y otros te vestirán y te llevarán adonde no quieras ir".

—Juan 21:18 NTV

Creo que lo que Jesús le dice a Pedro es lo siguiente: "Cuando eras joven (inmaduro) hacías lo que se te antojaba, no le rendías cuentas a nadie, pero cuando seas viejo (maduro) tendrás la capacidad de ser guiado, corregido y podrás rendir cuentas".

Al llegar al final de sus días tuvimos la oportunidad de hacerle una entrevista al pastor José Silva. La directora de comunicaciones de Presencia Viva le preguntó: Cuando partas a casa para estar con el Padre, ¿cómo quisieras que te recuerden? Con su voz entrecortada y palabras quebrantadas, respondió: "Como alguien que fue fiel a Dios y a su iglesia".

¡Qué manera de terminar su paso por la vida! ¿Qué te parece si tratamos de seguir el ejemplo de este tipo de hombres y mujeres? Hay muchos, búscalos con fervor hasta que los encuentres. Cuídalos, hónralos y aprende de ellos. La noche en la que celebramos la vida del pastor Silva, el auditorio de la iglesia estaba lleno de personas que habían sido marcadas por su vida. Pude ver videos y palabra enviadas de algunos de los ministros más famosos del continente pero, de igual forma, de miembros de iglesias "desconocidos", todos hablando de la misma persona, de su amor, de su cuidado y de cómo había marcado sus vidas. Eso es coherencia e integridad.

En su última carta a Timoteo, el apóstol Pablo le dice a su hijo en la fe:

> "En cuanto a mí, mi vida ya fue derramada como una ofrenda a Dios. Se acerca el tiempo de mi muerte. He peleado la buena batalla, he terminado la carrera y he permanecido fiel. Ahora me espera el premio, la corona de justicia que el Señor, el Juez justo, me dará el día de su regreso; y el premio no es solo para mí, sino para todos los que esperan con anhelo su venida".
>
> —2 Timoteo 4:6-8 NTV

Seguro que has leído este pasaje anteriormente, sin embargo pido a Dios que al llegar al final de este libro, cobre un significado absolutamente diferente. Que este sea nuestro estándar, que tengamos la certeza de que sí se puede terminar bien, que se puede tener un solo cónyuge para toda la vida, que puedes morir sin que después de ser enterrado salgan a la luz las cosas que trataste de enterrar por muchos años. Por tanto, honra a Dios, a tu familia, a la iglesia siendo un ser humano sobre el cual repose una unción como la que tuvo José en su vida al desarrollar un carácter como el de Jesús.

¡Bendiciones! Que muchos sean alcanzados por medio de tu vida, tu testimonio y tu obra en tu caminar por la tierra.

Edwin Castro es pastor, orador y entrenador de vida colombiano. Es el fundador de Nexos Global y Presencia Viva, el fin de estas organizaciones es equipar a esta generación para que encuentren su identidad en Dios, obtengan libertad financiera y descubran su propósito. Castro imparte conferencias a empresas, gobiernos e iglesias a nivel internacional. Por su formación en administración de empresas y su vasta experiencia en el mundo empresarial también se desempeña como consultor financiero y escritor. Reside en Miami Florida junto a su esposa Maribel y su hija Marianna.

@edwincastrom
www.edwincastro.com

EDWIN CASTRO

Los consejos del hombre más rico de la historia

EL
SECRETO
DE
SALOMÓN

Encuentre la sabiduría para
manejar sus finanzas

EDWIN CASTRO

Prólogo por ANDRÉS PANASIUK

Libertad
FINANCIERA

Un plan para escapar de las deudas
y tener éxito en sus finanzas

Edwin Castro

Prólogo por SIXTO PORRAS, autor de *De regreso a casa*

*Hasta el
último
suspiro*

Encontrar su propósito en la Tierra
le ayudará a sacarle EL MÁXIMO a sus días en ella

Edwin Castro

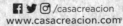

Te invitamos a que visites nuestra página
web, donde podrás apreciar la pasión por
la publicación de libros y Biblias:

www.casacreacion.com

f @CASACREACION

🐦 @CASACREACION

📷 @CASACREACION

Para vivir la Palabra